泣き虫マジシャンの
夢を叶える 11の物語

監修　トミー（冨澤貴明）
執筆　谷口雅美

今日の話題社

この本の物語は実話に基づき構成されています。
プライバシー保護のため日時、場所、団体名、個人名等は
変更して表現させていただいております。

泣き虫マジシャンの夢を叶える11の物語

監修　トミー（冨澤貴明）
執筆　谷口雅美

今日の話題社

はじめに

この本を手に取っていただき、ありがとうございます。

この本は、僕、マジシャントミーが実体験の中で、感動、共感できる話を集めた短編集です。

その経験の中から得た言葉たちに、少しでも共感していただいたり、不安や悩みを和らげていただけたら嬉しいです。

人にはいろいろな悩みや、不安があります。
外見のコンプレックス
コミュ障
人間関係
家族
恋人

仕事
お金
夢　などなど。

こちらにあげた8つの悩みは僕の悩みでした。

でもほとんどの方のお悩みと、共通しているのではないかと思います。

僕は「マジック」「ギター」「いじめ」「うつ病」を通していろいろなことを教わりました。

夢を叶えていく過程の中でこの八つの悩みが、一つずつなくなっていったのです。

なぜなくなっていったのか？

それは……、
言葉選びがとても大切ということ！

人は言葉に始まり、言葉で終わるという言葉があるくらいです。

マイナスな言葉を言うのも、プラスの言葉を言うのも自分次第です。

そう、自分次第です。

何度も言います。
自分次第です。

読者の皆様はプラスの言葉とマイナスの言葉、どちらの言葉を選択していますか？

そして言葉は言うだけではありません。
人からも言葉を言われます。

人からマイナスな言葉を言われるのか、プラスな言葉を言われるのかでも、人生が決まっていきます。
人から言われる言葉は自分でなかなかコントロールできません。

でも本当にコントロールできないのでしょうか？

マイナスな言葉を使っている人と付き合わなければいいのです。

もしマイナスな言葉を言う人が周りにいたら、それはあなた自身の鏡かも知れません。

「類は友を呼ぶ」という言葉通り、自分自身が普段からマイナスな言葉、愚痴、不平、不満を言っていたら、そういう愚痴、不平、不満が好きな人が現れます。

まず自分が良い言葉がけを習慣化していけば、周りにもそういう人たちが現れてきます。

僕は言葉選び、考え方、捉え方次第で8つの悩みを全て解決できたのです。

人はどう行動するかも大事ですが、
まず行動する前に、どういう言葉を使っているかが、もっと大切なのです。

つまり……、

「やり方」ではなく、「在《あ》り方」がとても大事です。

「在り方(笑顔、言葉、考え方、捉え方、習慣)」は土台の元。それがしっかりしてこその「やり方(挨拶、コミュニケーション力、技術、行動)」なのです。

この在り方が、僕は最悪でした!

外見のコンプレックスから笑顔が作れず、悪い言葉を人から言われ、考え方がおかしくなり、捉え方もマイナスになり、悪循環な習慣ができ上がっていったのです。

人はアレがない、コレがないと自分の「無いもの」を見がちです。「有るもの」の方がたくさんあるはずなのに。

僕もこのことに気付きました。

「有るもの」に感謝していくと、「無いもの」を気にしなくなっていきます。

僕はその「有るもの」に焦点を当てました。

有るもの＝僕の過去

です。

マジックやギターのこと、いじめのこと、うつ病のこと、歯の手術のこと、彼女のこと、師匠のこと、生徒のこと、弟子のこと、全ての過去が、僕の「有るもの」なのです。

今、僕は全ての過去を繋ぎ合わせ、僕にしかできない活動をしています。

「ドラマジック」という「ドラマ」と「マジック」と「講演会」がセットになった、世界初のショーです。

「ドラマジック」には理念があります。

「いじめゼロ！　引きこもりゼロ！　うつ病ゼロ！　夢の持てる社会へ」

僕は今、全国の小、中、高などの学校から、依頼を受けて、子供や親御さん向けにドラマジックを演じています。

そして、いじめられっ子「マジシャントミー」はYouTuberとしても活動しています。

いじめられた経験がある方と僕が、どのようにいじめられて、どのように克服したかを対談方式で話していく番組です。

多くの方にみていただけるよう頑張っています。

この本を取ってくださった読者の皆様、

「ドラマジック」

で検索よろしくお願いします。

もくじ

はじめに……………4

1 不思議なマジック……………16

「トミー！　すげぇ特技、持ってんじゃん！」
山田くんは、「すげぇ、すげぇ」と繰り返しながら、
背中をバンバン叩いてきます。
不思議なことに、いつもの小突かれるのとは違って全然痛くなかった──。

2 僕が逃げた日……………30

僕はギターを抱えたまま、店を飛び出しました。
恥ずかしかった。情けなかった。
どうして、自分があのステージでギターが弾けると思ったのか。
こんな中途半端な人間の音楽を聴きたい人なんて、いるはずがないのに。

その時、僕は「言葉にもマジックがある」ということを
初めて知ったのです。
僕は天才――そう言った途端、自信なさげに縮こまっていた心が
あたたかいものに包まれ、胸の中に喜びが広がっていったのです。

初めてトークを褒められ、嬉しいはずが猛烈に寂しくなりました。
もっと叱ってほしい。これからもずっと、ダメ出ししてほしい。
でも、それはもう叶わないということが僕にも師匠にもわかっていました。

「病気がわかってから、ずっと笑ってなかったんだ、うちの子――
あの若さで病気になって、不安と恐怖でいっぱいで……そりゃ笑えないよ。
笑えるわけないよね。でも、今日は笑ってたんだ……。トミーさんのおかげだ」

僕が仕事をキャンセルしたら、きっと彼は悲しむに違いない。
こういう時だからこそ、とびきりの笑顔で、
思い切り楽しいショーにしなければ――。
それがカズキくんへの供養になるような気がして、
僕は夢中で仕事をやりきりました。

「ありがと、お兄ちゃん」
ミキちゃんが頭を下げた拍子に涙がポロリと頬を伝ったけれど、
彼女はその涙を拭って、笑顔を見せてくれました。
ハートのトランプを握りしめながら。

1 不思議なマジック

乳歯が抜けたら、大人の歯が生えてくる——ごく普通のことですよね。

普通のことなのに、僕の歯は小学三年生になっても上下の前歯四本以外、生えてくる気配がありませんでした。

子どもよりも仕事優先だった両親は、学校の歯科検診で「要検査」と言われて随分経ってから、僕を病院に連れて行きました。

僕は心底、ホッとしました。治療をしたら、きっと歯は生えてくる。そう信じていたのです。

それだけに、病院で「永久歯が生えてこない先天性の病気」と診断された時はショックでした。

子どもは残酷です。みんなが持っているものを持っていなかったりすると、からかわれる、いじめの原因になる。

当時の僕は、みんなと違うと思われることがすごく怖かったのです。だから、歯のことがバレないように工夫していました。

と言っても、方法は一つだけ——口を大きく開けないこと。

これが結構大変でした。

声はいつも聞き取りづらく、人と話すのが苦手になりました。

笑うときも、歯が見えないように唇を結んだまま、口の端をちょっと上げるだけ。

おかげで、「暗くて愛想が悪いのに、変に気取ったヤツ」と陰口を言われたけれど、歯のことがバレるよりはマシだったのです。


一番辛《つら》かったのは給食の時間で、一口ごとに手で口元を隠しながら食べていました。クラスメイトにからかわれてよく真似されたけど、どうしてもやめられなかった。

ロクに噛むことができないから、食べ物は飲み込んでいました。柔らかいものはまだいいのですが、問題は固いものや大きいもの。

家なら残すことができるけど、当時の給食は「ぜんぶ食べましょう」が合言葉だったし、子どものことに無頓着な両親は、担任の先生に事情を話すこともなく――給食を残さないためには、何でもゴクンと飲み込むほか、ありません。

ロクに噛まないから、いつも胃が重くて便秘気味でした。アゴも発達せず、小さいまま……。

歯の秘密がバレたのは、小学四年生の時でした。

野球好きの父に言われて近所の野球チームに入った僕は、ピッチャーに選ばれました。球が速かっただけでなく、手が大きくて指が長いために、球が変化して打ちにくかったからです。

父は喜んでいましたが、僕はイヤでたまらなかった。なぜなら——バッテリーを組んだのが、同じクラスの山田くんだったから。

僕より背は低いのですが、ガッシリした体格の山田くんは、声が大きくて、リーダーシップがあり、将来のキャプテン候補でした。

チームメイトは山田くんのことを頼りにしていたけど、僕は彼がかなり苦手でした。

山田くんも、ウジウジして暗い僕のことが気に食わなかったのでしょう。

イライラした彼に「トミー！　なにビビってんだ！」「サイン断るときはもっとしっかり首振れよ！」と怒鳴りつけられるたびに、僕はビクビクしていました。

山田くんの言うことは正しかったから、監督もコーチも他の選手もかばってくれません。

怒鳴るだけならまだいいのですが、山田くんは短気ですぐに手や足が出ました。監督やコーチの見ていないところで、僕は殴られたり蹴られたりしていたのです。

ある日の練習試合の後で、僕ら四年生はコーチに居残り練習を命じられました。理由は「ありがとうございました」の声が小さかったから。

実は――声が小さかったのは僕だけでした。でも、チームワーク重視のこのチームでは、一人のミスは学年全員の連帯責任になってしまうのです。

ペナルティのグラウンド十周を走り終えた後、山田くんが僕を睨みました。

「トミー、特訓するぞ！　おまえ、普段から声が小さ過ぎんだよ」

大声を出すためには大きな口を開けなければならない。歯のことがバレてしまう、と僕は必死で抵抗しました。

でも、山田くんにお腹や背中を何発か叩かれ、他の子たちからも居残り練習を責められ、とうとう諦めました。

距離があるから見えないかも、と僕はかすかな希望にすがってマウンドに立ちましたが、なかなか口を開くことができません。

正面、バックネットの前にずらっと並んだ四年生の中央で、山田くんが怒鳴りました。

「トミー！　日が暮れるぞ！　早く声出せ！」

「あ……ありがとうございました！」

大きな口を開けて言った途端、山田くんがゲラゲラ笑い始めました。

「うわぁ、おまえ、その歯、どうしたんだよ！　ひでぇなぁ、まるでマンガに出てくる宇宙人みたいだ！」

山田くんのこの言葉をきっかけに、チームでも学校でも僕のあだ名は『宇宙人』になってしまいました。


大人が見ていないところで、僕は「気持ち悪い」と言われ、小突き回されました。

チームメイトやクラスメイトに「宇宙人なんだから、地球から出て行けよ」「宇宙船、どこに停めてんの」「近寄ると、俺たちも宇宙船に乗せられちゃうぜ」と言われても、僕は言い返すことができませんでした。

僕は相変わらず口元を手で隠して給食を食べていました。そうしないと、クラスメイトがこちらを見てクスクス笑うからです。

秘密がバレた後も、僕は笑顔を全く見せない、暗い子どものままでした。

両親にも担任の先生にも、いじめられていることが言えませんでした。

山田くんが大人から「いじめっ子」と思われると、僕が困るからです。

暗くて無口で見た目が気持ち悪い、と僕はクラスの子たちから距離を置かれていました。そんな中、声をかけてくるのは山田くんやその友だちだけだったのです。

学校も野球チームも嫌いだし、山田くんやその友だちも大嫌いだけど、彼らが先生から注意されたら——話しかける人がいなくなって、僕はきっと一人ぼっちになる。

一人ぼっちになるのはもっともっと怖い。弱虫だったのです。


僕は誕生日を迎え、十歳になりました。

おじいちゃんが「誕生日に好きなものを買ってあげよう」と言ってくれましたが、僕は「いらない」と首を振りました。

一番ほしいのは他の子と同じ、全部生えそろった永久歯だけ。でも、そんなものが手に入るわけもないのです。

困ったおじいちゃんは、僕をデパートのオモチャ売り場に連れて行ってくれました。そこで僕はとんでもないものと出会ってしまったのです。


売り場にできていた人だかりを覗くと、男の人が金属の輪っかをくっつけたり、離したりしていました。マジック用品の実演販売です。

マジシャンは陽気で明るい人でした。笑いがいっぱい起きていて、その楽しそうな雰囲気に僕はフラフラと引き寄せられていきました。

何度も見ているうちにセリフは全部覚えてしまったけど、手品のタネはどうしてもわかりません。

どうやってくっつけたり、離したりしてるんだろう……。

どうしてもやってみたくて、僕は最前列で食い入るようにマジシャンの手元を見つめ続けました。

僕の様子を見ていたおじいちゃんが、そのマジックのセットを買ってくれました。普段は何にも興味を示さず、無気力に見える孫が何かに興味を持ったことが嬉しかったのだと思います。

これで僕も、あのマジックができる！

「できるようになったら、おじいちゃんに最初に見せるからね！」

僕は買ってもらった「不思議な輪っか」の箱を抱きしめ、おじいちゃんとそう約束しました。


箱の中に入っていた説明書を読むと、タネ明かしは意外とシンプルなものでした。

でも――実際にやるのはなかなか難しかった。油断しているとタネが見えてしまうのです。

あのマジシャンの動きを思い出しながら、何度も何度も鏡の前で練習しました。

やがて、手の動きは完璧にできるようになりました。問題はトークです。

おじいちゃんは、あのときのマジシャンを見ています。明るくて元気がよくて、自信に満ちていて――僕はあんなふうになれない。

僕はいつまでたってもおじいちゃんに手品を披露できずにいました。

ある日の下校中、僕は「鬱陶《うっとう》しいんだよ!」と山田くんにドンッと肩を突かれ、尻もちをつきました。

その拍子にランドセルのフタが開いて、中身が道に散らばってしまいました。

「どんくさいなぁ、おまえは!」

僕が涙を堪えながら教科書やノートを拾い集めていたら、山田くんが「なんだ、これ」と言いながら、「不思議な輪っか」を入れた布の袋を拾い上げました。

僕は慌てました。いつでも練習できるように、僕は「不思議な輪っか」を持ち歩いていたのです。

袋の中身を出した山田くんは不思議そうな顔をしました。

「これ、何に使うんだ?」

「マジック……手品の道具だよ……」

小さな声で言うと、山田くんは「マジック? おまえにできるわけないだろ」とバカにしたように言いました。

「俺が使ってやる」と持って行こうとするのを、僕は「返して」と必死ですがりつきました。

「うまくやって見せたら返してやってもいいぜ。無理だろうけど」

おじいちゃんに最初に見せる、と約束したのに――でも、やらないと、輪っかをとられてしまいます。

僕は唇を噛んで「やる」と言いました。


公園のベンチに座った山田くんが、僕を見ています。

たった一人を前にしているだけなのに、僕の足は緊張で震えていました。

「早くしろよ！」

怒鳴られて、慌てて輪っか二つを繋げました。

すぐに、それを外す。続けて三つ、四つ……と次々に輪っかを繋げていきます。それをまた外す――練習した甲斐があって、動きはスムーズだったと思います。

山田くんはポカンと口を開けて見ていました。

そして、手を止めた僕が小さな声で「おしまい」と言った途端、山田くんは立ち上がって、僕の両肩をガシッとつかみました。

「トミー、すげぇ！　今の、どうやったんだ？」

「え……」

「くそ、わかんなかった！　おい、もう一回だ！　もう一回やってみせろよ。あ、ゆっくりな！」

僕はもう一度やりました。黙ったままだと、どうしても早くなってしまうから、例のマジシャンのセリフを言いながらやってみました。

山田くんが目をキラキラさせて、輪っかを見つめています。

「ダメだ、全然タネがわかんない！　トミー！　すげぇ特技、持ってんじゃん！」

山田くんは、「すげぇ、すげぇ」と繰り返しながら、背中をバンバン叩いてきます。

不思議なことに、いつもの小突かれるのとは違って全然痛くなかった――。

おまけに山田くんは笑っていました。バッテリーを組んでから、笑顔を向けられることもなかったのに。

僕は手にした輪っかを見つめました。たった四つの輪っかが、山田くんを変えたのです。まるで、魔法のように。

そう言えば、『マジック』には『魔法』という意味もあったなと考えていたら、山田くんが僕の顔をのぞき込んできました。

「なぁ、トミー。これ、誰かに見せた？」

「ううん、初めて……」

「やっぱりな。おい、俺だけなんて、もったいねぇ。お楽しみ会でやれよ！　絶対、みんな喜ぶから！」

山田くんはそんな、とんでもないことまで言い出したのです。

「おじいちゃん、ごめん。最初に見せられなかった……」

謝る僕に、おじいちゃんは「いいじゃないか。おかげで、みんなにマジックを披露することになったんだから」と笑って練習に付き合ってくれました。

そして、いっぱい褒めてくれたのです。

お楽しみ会当日、僕は足をガクガク震わせながらみんなの前に立ちました。声も震えています。

大丈夫、おじいちゃんは「上手だ」って褒めてくれたんだから——。

練習を思い出し、必死で輪っかのマジックを披露しました。

輪っかを繋げたり離したりするたびに驚きの声や歓声があがります。気が付けば、クラスメイトたちがみんな笑顔になっていました。

歯のせいで笑えない僕が、みんなを笑わせている――それはすごい衝撃でした。

もっともっとたくさんの人を笑顔にしたい。

今まで人と関わらないように生きてきた僕に、そんなふうに思わせてくれた。

マジックは、僕にまで魔法をかけてしまったのです。

トミーの格言

自分から動かないから、つまらないのだ！
勇気あるところに希望が集まる。

いじめの問題は根深いが、勇気を振り絞って動いてみると何かが変わる！

自分から動くから楽しい！　今日の一歩が明日の一歩になる。

2

僕が逃げた日

僕がプロから本格的にマジックを教わったのは、二十歳の頃でした。

たくさんの人を笑顔にするためにマジシャンになろうと決めたものの、独学ではやはり限界があったからです。

技術は上達しましたが、師匠には「おまえはプロでは難しいかもしれないなぁ」と言われ続けました。

なぜなら――相変わらず、トークが苦手だったからです。

山田くんにマジックを披露した小学四年生の時から、まったくと言っていいほど進歩していませんでした。

セリフは全部入っているのに、自信がない。

大きな声を出すと歯が見えるから、うつむき気味にボソボソ喋る。

おまけに極度のあがり症でした。

腐れ縁だった山田くんのお節介か意地悪か――中学・高校時代もクラスメイトやチームメイトの前でマジックを披露する機会がありましたが、何度やっても緊張しまくり。

僕のことを知っている彼らには「トミーはいつもこうだよな」と笑われるぐらいで済みましたが、このままではプロとしてもエンターテイナーとしてもやっていけません。

一念発起、見ず知らずの人の前でマジックをする機会をつくろう、と思いました。

マジックをさせてもらえないか、と地元のレストランやバーに聞いて回ったのです。

これはかなり勇気がいりました。おまけに、即、お断りばかり。

諦めかけていたある日、ジャズバーのオーナーが言ってくれました。

「うちでマジックをやってもいいよ。そのかわり、皿洗いやバーテンダーの仕事もやってもらえる？」

とにかくマジックを人前でしたい、と思っていた僕は、接客の経験もないのに「やります！」と言ってしまいました。

ジャズバーに心惹かれるものもありました。当時の僕はマジックだけでなく、ギターもやっていて、なんでも吸収したい時期だったのです。

そのジャズバーには小さいけれど、きちんとしたステージがあって、有名無名のミュージシャンのライブを生で聴けるという特典もありました。

予想はしていましたが、お酒をほとんど飲まず、接客経験のない僕にとって、バーテンダーの仕事はかなり大変でした。

まず、お酒の名前がわからない！　似た名前のものも多いので、しょっちゅう間違えては怒られていました。

ビールはタンクから注ぐだけなので楽ですが、問題はビールタンクの替え方。たまにタンクの交換タイミングに当たるとオタオタして、そのたびに他のスタッフに「いい加減、覚えてくれよ！」と叱られました。

カウンターのお客さんに話しかけられるのも苦手でした。うまく笑えないので、「不愛想すぎる」と腹を立てるお客さんもいたのです。

それでもバイトを続けられたのは、マジックを披露できたから。

お店が落ち着いてくると、僕は客席を回ってテーブルマジックを披露します。カードを使った、短時間で終わるものばかりでしたが、お客さんは喜んでくれましたし、時々、チップも弾んでくれました。

このまま、お客さんに披露することに慣れていけば、いつか大きなステージに立ってもビビらなくなるかも、なんて考えていたのですが――。

ある日、事件が起きました。

予定していたミュージシャンが手違いで来られなくなったのです。

困ったオーナーから、「トミー、ギターを弾いてくれ」と頼まれました。かわりのミュージシャンが到着するまで、場を持たせてほしい、と言うのです。

実は、例の山田くんに引きずり込まれる形で僕はバンドに参加していました。有名なバンドの曲をコピーしていましたが、ライブの経験はありません。

それでも、早くライブを始めなければお客さんは納得しない雰囲気でしたし、オーナーから拝むように頼まれて、僕はステージに上がりました。

お客さん相手にマジックをして少し自信がついた時期だったから、そんな無謀なことができたんだと思います。

でも、ステージに上がって、スポットライトを浴びた瞬間、カーッとして何も考えられなくなりました。

借りたギターで弾き始めたものの、ちゃんとチューニングをしないままだったので、とんでもない音を出してしまいました。

まずい、と思うとさらに焦ります。

おまけに歯のことがバレないような歌い方をするので、マイクを通しても客席に声が届いていないのは明らかでした。

客席に白けた顔が増えれば増えるほど、緊張してさらに声が出なくなる、コードを押さえ間違えるという悪循環。

お客さんもヒソヒソ、クスクス——ならいいほうで、露骨に耳を押さえながら店を出て行った人もいました。

とにかく散々なできでした。ブーイングを浴びたほうがまだマシだった。

僕に任された時間が終わるまで、とてつもなく長く感じました。

シラーッとしたままの客席に頭を下げ、裏に引っ込んだ僕はギターを抱えたまま、店を飛び出しました。

恥ずかしかった。情けなかった。どうして、自分があのステージでギターが弾けると思ったのか。こんな中途半端な人間の音楽を聴きたい人なんて、いるはずがないのに。

ステージでスポットライトを浴びただけであがって失敗するようでは、プロのマジシャンなんて、夢のまた夢です――。

落ち込んだ僕は次の日、バイトを無断で休んでしまいました。

一度休むと行けなくなってしまうものです。僕はオーナーからの電話にも出ず、家に引き込もっていました。

持って帰ってきたギターを返しに行かなきゃ、と思うのに、身体が動きません。

やがて、オーナーからの電話もなくなり、完全に終わったなと思っていたのですが。

数週間後、突然、オーナーから電話がありました。

反射的に電話に出てしまって慌てている僕に、オーナーは「いいか。明日、店に来い！絶対だぞ！」と強い口調で言ったのです。

そして、僕が何か言う前にガチャンと電話を切ってしまいました。

行きたくなかった。行ったらきっと、「あんな自分勝手なことをして、社会人失格だ！」と叱られると思いました。

落ち込んでいるのに、自分がダメ人間だと人から指摘されるのが怖かった……。

それでも、借りたままのギターは返しにいかなければなりません。

僕は暗い気持ちで家を出ました。

何度も帰ろうと思いました。正直、店まで行けたのは奇跡です。肩からかけたギターに連れてこられたようなものです。


オーナーは忙しかったのか、「客席で待ってろ」と言ってどこかへ行ってしまいました。

店はライブのリハーサル中。

僕は客席の一番隅っこに座って、オーナーから何を言われるのかと沈んでいました。

失敗したライブ、借りっぱなしだったギター、無断欠勤——とにかく謝るしかない。

謝罪の言葉を、頭の中で何度も繰り返します。

その間もステージでのリハーサルは進みます。音響と照明の確認が中心で、時折、ミュージシャンが指示を出していました。

聞き覚えがある声だな、とチラッと思ったものの、この後、オーナーから何を言われるか頭がいっぱいだった僕は、その声について考える余裕はありませんでした。

「じゃあ、本番よろしく！」

少しピリピリした感じのリハーサルは、ミュージシャンのその言葉で終わりました。

僕は一気に気持ちが重くなりました。いよいよ、オーナーと話さなければいけない――。

その時、誰かが僕のところに歩いてきました。リハーサルをしていたミュージシャンです。

顔を上げ、ぼんやりと相手を見返した僕は、次の瞬間、勢いよく立ち上がっていました。

そのミュージシャンは、僕が大好きでよくコピーしていた有名バンドのボーカルだったのです。

絶句している僕に、彼はニッコリ笑って手を差し出しました。

握手してくれるんだ！

慌ててジーンズで手の汗をゴシゴシ拭いて、大きなその手をそっと握りました。

「いろいろあるけどさ。お互い、頑張ろうな」

歌っている時とはまた違う、静かな、あたたかい声でした。

そして、彼は力強く手を握り返してくれたのです。

彼が楽屋に戻るのを呆然と見送っていると、オーナーがやってきました。

「おまえ、あのバンドの大ファンだって言ってたからさ」

ちゃんと覚えていてくれたのです。バイトの僕が何気なく話したことを。

謝罪の言葉より前に、「ありがとうございます！」と大声で言って、僕は深く頭を下げました。

いいよ、と笑ったオーナーはポンポンと僕の背中を叩きました。

「客としてでもいいからさ。また顔出してくれよ。おまえが一人前のマジシャンになれるのか、俺だって気になってんだから」

あんな失敗と失礼をしでかしてしまったのに――頭を下げた僕の目から、ボタボタと涙がこぼれ落ちました。


今でも落ちこむたびに、僕はこの日のことを思い出します。

「いろいろあるけど、お互い頑張ろうな」という言葉。そして、気にかけてくれる人がいるということ。

思い出しては、自分を励ますのです。

トミーの格言

失敗したところでやめるから失敗になる。
成功するところまで続けるから、成功（成幸）になる！
失敗こそが人間を作るのだ！

失敗がない人生はあり得ない！

この時期の僕は、失敗した時に、恥ずかしい、もう嫌だなどの「マイナス感情」が出ていた。でも今の僕は、悔しい、次回は絶対うまくやろうなどの「プラス感情」が出てくる。前者の受け取り方か、後者の受け取り方かで人生は大きく変わる。チャレンジしてたくさん恥をかきましょう。恥はあなたがチャレンジした証《あかし》で、未来への勲章です。

3 バカと天才

二十代の頃、僕は心の病にかかっていました。躁うつ病です。

落ち込んで起き上がれず、家に引きこもる時期もあれば、沈んでいた時期がウソのように「一人前のマジシャンになりたい」という衝動に駆られて走り回る、という時期が交互にきました。

その落差は激しくて、自分ではどうすることもできず、ただただ、辛かった。

すべてが中途半端で、そんな自分に生きている価値があるとは思えず、自殺を図ったこともありました。

幸い命は取り留めましたが、この時期は本当に地獄のようでした。

ジャズバーを辞めてしまったあと、駅前の広場や公園でマジックを披露して投げ銭で暮らしていましたが、落ち込んでいるときはそれもできません。

実家暮らしだったから、何とか生きていけたのだと思います。

少し症状が改善したのは、音楽のおかげかもしれません。

実家近くの音楽教室で、当時、新しくギター教室を開講する話が舞い込みました。その講師を僕が引き受けたのは、音楽が大好きということと、一対一ならなんとかなりそう、と思ったからです。

ギター講師の仕事は思っていた以上に向いていました。生徒さんの技術が向上していくのは、見ていてすごく楽しかった。

先入観を持っちゃダメなんだなぁ、と感じたのもこの時です。

やる気がなさそうだな、と思った生徒さんなのに、内に秘める情熱がすごかったり、無理やり親に連れてこられて不機嫌だった子が、弾く楽しさを知って明るい顔になったり。

僕も生徒さんたちに誠実であろうとしました。

きちんと教えるために、基本を押さえ直そう。生徒さんの演奏をしっかり聴いて、分析しよう。人の演奏を分析するために、自分自身の心と生活を整えよう——。

規則正しい生活を送るにつれて、心の病も症状が少しずつ改善し、ギターの技術も上がっていきました。


そうは言っても、相変わらず僕は自信がないままでした。

こんな下手くそな講師にお金を払ってもらっていいんだろうか、と考えては落ち込み、人前でマジックを披露して少しヤジられると、やっぱりマジシャンになろうなんて無謀過ぎたんだ、とため息が出ました。

マジシャンとしてもミュージシャンとしても、そして、人としても中途半端でダメだという思いに囚われてばかりでした。

その頃、僕は友だちの紹介で一人の女性と出会いました。

すごく素直で純粋で——しかも、人の噂や情報に振り回されることなく、自分が見たままを受け止める強さを持った人です。自分にないものを持っている彼女に、強く惹かれました。

勢いでデートを申し込んで、一緒に映画を観に行ったのですが——。

映画の後、食事をしながらお互いのことを話しているうちに、僕はどんどん自信がなくなってきました。

マジシャンとしても中途半端、ミュージシャンとしてもイマイチ。勉強はできず、高校二年まで続けた野球もモノにならなかった。

自分の人生を振り返ると、自分がとてつもなくつまらない人間に思えてきました。

こんな人間の喋ることが面白いわけがない。こんな僕に時間を使わせてしまっている。そういう負い目があったからでしょう。僕は会話の端々に「僕はバカだから」「僕は中途半端だから」を繰り返していました。

バカだから、は僕の口癖です。

僕が「バカだから」と言うと、周りは「そうだよな、トミーはバカだからなぁ」「バカだから、仕方ないよなぁ」と失敗しても許してくれました。

デートで口癖を繰り返したのも、失望されないように彼女の期待値を下げたいという意識が働いたのでしょう。

彼女から「そんなことないよ」という言葉を引き出したかったのかもしれませんね。

彼女はニコニコしながら僕の話を聞いてくれていたのですが、お店を出たときに「トミーさん、バカって二十二回も言ってたよ」と言われました。

数字を突き付けられた僕は猛烈に恥ずかしく、情けなくなりました。

ああ、もう二度と会ってもらえないだろうな――と落ち込みかけた僕を、小柄な彼女が見上げて言ったのです。

「トミーさん。これからバカって言うの、禁止ね。そのかわり、天才って言って」

僕らの間に『これから』があるんだ、という喜び以上に、彼女の言葉が衝撃でした。

「て、天才……？　いやいやいや！　何言ってるの、僕が天才だって？　ギターもマジックも中途半端で、勉強も野球もダメな僕が天才？」

思わず笑いそうになりましたが、彼女の目は真剣でした。恐《おそ》る恐《おそ》る確認します。

「あの……本気で言ってる？　だって、キミ、僕のギターも聴いてないし、マジックも見てないよね？」

「本気。だって、さっきトミーさん話してくれたじゃない、先入観のこと」

僕はギター教室の生徒さんに対する先入観について、彼女にも話したのです。

「人に対する先入観がダメなら、自分がバカなんだっていう先入観もダメじゃない？」

確かに、彼女の言う通りです。まさに、『目からウロコ』でした。

「ウソでもいいから、天才って言ってみて。はい！　トミーさんは……」

彼女が僕に、続きを促《うなが》します。僕は恐る恐る、その言葉を口にしました。

「て、天才……」

顔から火が出そうになりながら言うと、彼女は満面の笑顔で「そう！」と頷いてくれました。

その時、僕は「言葉にもマジックがある」ということを初めて知ったのです。

僕は天才——そう言った途端、自信なさげに縮こまっていた心があたたかいものに包まれ、胸の中に喜びが広がっていったのです。

それからは心の中で「僕は天才」と言い続けるようにしました。

面白いことに、「天才」の僕は「バカ」な僕よりも前向きで、自然と笑顔が増えてきました。

躁うつ病の躁のときのようなテンションの高さではありません。自分でも無理をしている感じが全然なく、楽でした。

「僕はバカだから」と言わなくなったことで、周りから「バカだよね」と言われなくなったのも大きな変化です。

結局のところ、誰よりも自分をバカにしていたのは、僕だったんですね。

否定的な言葉ばかりを口にしていた僕が、肯定的な言葉を口にできるようになって一年後。

マジックの仕事が途切れることなく入るようになり、ギター教室の生徒さんもクチコミで増えていきました。

不思議です。あれほど将来への展望が見えず、絶望しかなかったのに。

あの時、言葉のマジックをかけてくれた彼女は、今、僕と一緒に人生を歩んでいます。

だから。

僕以外の誰かにも、言葉のマジックが届きますように——。

トミーの格言

人は誰しも美点も欠点も認める特技を持ち合わせている！
特技を活かし人を信じよ！
さらにその100倍、自分を信じよ！

人は未完である！　欠点があるから人は支え合い、そこに温かみを感じる。僕は欠点があることを認めた上で、肯定的な言葉「天才」という言葉を使うようになった！

欠点を認め、自分を信じることで、とても生きやすくなったのだ。

天才

4

ご縁マジック

ギター教室の講師をやったことで、自分のギターの技術が上がった僕は、マジックのスクールも始めました。

マジックの技術も上がるかもしれない、と思ったからです。

ただ、同じスクールでもギターと違って、マジックは技術を教えるだけではダメだったのです。

マジシャンはトークが重要です。仕込んだタネからお客さんの注意をそらすためだけでなく、その場の空気を作るのは断然トークの力でした。

と言っても、当時の僕はトークについて試行錯誤を繰り返している状態でした。

だから、スクールをやりつつ、駅前の路上でマジックを披露し続けたのです。

投げ銭という、路上に置いたアタッシュケースにお金を入れてもらうシステムでは日によって収入にバラつきがありました。

でも、体調や精神状態が不安定な僕にとって、行けるときに行けばいい、路上というステージはありがたいものだったのです。

弾き語りなどをする人たちに混じってマジックを披露していると、「何やってるんだろう?」と足を止めてもらえることがあります。それだけで嬉しくなりました。

不特定多数の人に披露しているうちに、度胸も多少つきました。

もちろん、いいことばかりではありません。

やっている最中にタネ明かしを大声でされてしまったこともありますし、大勢の目の前で「下手くそ」と笑われたこともあります。

酔っ払いに絡まれることも、たびたびありました。

ただ――お酒を飲まない僕は、ベロベロに酔っ払った人の対応だけは慣れたものでした。


高校を卒業してついた初めての師匠が、かなりの飲んだくれだったからです。

無茶を言う、大声で怒鳴る、物を投げる、泣き出す――最後は教室であろうと飲み屋であろうと、寝てしまう。

レッスンのない日にも師匠に呼びつけられる僕を、「ひいきされてる」と仲間は言っていましたが、違うんです。野球を長くやっていて力があったために、師匠を肩にかついで自宅まで送り届ける役目を仰せつかっていただけなのです。

最初は、破天荒な師匠が異星人にしか思えませんでしたが、シラフのときは結構マジメなのです。真剣に僕のマジシャンとしての行く末を心配し、一緒に悩んでくれました。

「トミーはプロになりたいって言うけどさ、トークがヘタだからなぁ。プロは難しいかもしれないなぁ」

師匠にズバリ言われて、その当時はショックだったし、悔しかった。

だから、マジックをやらせてくれるお店を探したり、路上に出たりと自分なりに頑張っていたのです。

その成果はなかなか出ませんでした。

「ホントに真剣にやってんのか。あんまり成長しねぇなぁ」と師匠にボヤかれるたび、落ち込む日々でした。

長年、お酒に溺れていた師匠は、僕が弟子入りして二年で入院してしまいました。

どうやら危ないらしい、と聞いてお見舞いに行くと、師匠は短期間ですっかりやせ細り、顔色もすごく悪かった。

こんなに悪いとは——言葉もなく立ちすくむ僕に、師匠は「マジックをやってみろ」と言い出したのです。

持ち歩いているトランプをポケットから取り出すと、師匠が言いました。

「いいか、トミー。ここは病院じゃねぇ。おまえのワンマンライブのステージだ。客は超満員だ。最高のマジックを見せてくれ」

そんな無茶な、と思いましたが、目を閉じて師匠の言う場面を想像してみました。


死期の迫った師匠の力でしょうか。

目を開けたとき、僕の前には超満員の客席が広がっていました。

必死でした。トランプしかないから、トークでお客さんを引き付けるしかない。

くすっと笑わせるようなテッパンのネタに、時事ネタを挟み、お客さんが楽しめる時間をつくる——終ったときは汗だくでした。

パンパンパンパンという小さな拍手の音で我に返りました。

そこは超満員の客席ではなく、顔色の悪い師匠が一人ベッドに座っている元の病室でした。

「トミー。トーク上手くなったな。最高のステージだった」

初めてトークを褒められ、嬉しいはずが猛烈に寂しくなりました。

もっと叱ってほしい。これからもずっと、ダメ出ししてほしい。

でも、それはもう叶わないということが僕にも師匠にもわかっていました――。

「トミー。今の感覚を忘れるなよ。おまえはプロになる。なれる」

「今度は、実際のステージで最高のものをお見せしますから。見に来てくださいね」

必死で涙をこらえながら僕はそう言いましたが、師匠は黙って微笑んだだけでした。

数日後、師匠は静かに息を引き取られました。

あの『ステージ』が、師匠に見ていただけた最後のステージとなってしまったのです――。

あれだけ師匠に散々ダメ出しされていた僕が、数年後には人に教える立場になっている、というのも不思議なものです。

ストリートでマジックを見てくれた人にチラシを配ると、スクールに来てくれる人もチラホラいました。

時には「あなたみたいに人前で堂々と話せるようになりたいんです」と、マジックではなく話し方を教えてくれという人もいたのです。


ストリートでマジックを披露していた、ある日。

最初から最後までずっと見てくれていたおじいさんが「うまいねぇ」と声をかけてくれました。

七十歳ぐらいでしょうか。

「マジックが昔から好きなんだよ」と言うおじいさんと、しばし、テレビで活躍しているマジシャンの話で盛り上がりました。

プロの世界は厳しいよね、という話になった時、おじいさんはため息をつきました。

「実は好きが高じて、私もマジックを習ってた時期があるんだけどね。下手の横好きってやつだよ。続けてたらプロになれたかなぁ」

「今からでも遅くないですよ」と、僕はおじいさんにチラシを渡しました。

「いやぁ、こんなじいさんじゃ……」と苦笑したおじいさんは、それでもチラシを大事そうに書類カバンに入れました。


ギター教室、マジックのスクール、ストリートマジック。そして、持病のための通院。日々、いろんなことに追われ、あっという間に月日が経ちました。

ある朝、僕はカレンダーを見てハッとしました。

今日は師匠の命日です。幸い、午前中に予定は入っていません。

不意に、お墓参りに行こうと思いつきました。

師匠が亡くなった当時、病気だった僕はお葬式にはなんとか出ましたが、お墓にはお参りできていないままだったのです。

ご親族から聞いていた墓地に向かい、お花とお線香を供えました。

——師匠。おかげさまで、マジックで頑張ってます。まだまだ、ですけど。

しばらくお墓の前でじっとしていましたが、残念ながら、天からダメ出しの声は聞こえてきませんでした。

その日の夜のことです。マジックのスクール用に置いている電話が鳴りました。

受話器を取ると、お年を召した男性からの見学の申し込みでした。

「私は松本と言います。半年ぐらい前に、駅前でマジックを見せてもらって……チラシをいただいた、『下手の横好き』ですよ」

マジックが好きだと言っていたおじいさんの顔がパッと浮かび、「あ！　あのときの……！」と声を上げてしまいました。


記憶というのは時間が経つにつれて、どんどん薄れていきます。

僕のステージやストリートマジックを見て「やってみたい」と思ったとしても、スクールのチラシをもらって一週間でその気持ちは消えてしまいます。

それを過ぎると、チラシを見たことなんて忘れてしまうのです。

だから、松本さんが半年も前のことを覚えてくれていたことが嬉しかった。

見学の日時などをお話ししたあと、松本さんは心細そうに「本当に私ぐらいの歳からでもやれますかね？」と呟きました。

松本さんには見えないのに、僕は受話器を握ったまま、「やれます、やれます！　大丈夫ですよ」と笑顔で頷いていました。

好きというだけあって、松本さんはすごくマジメにスクールに通ってくれました。

一度習っているので、マジックの飲み込みも早い。

ただ――問題はトークで、どうも口調が硬い。

「昔習ってた先生にも、才能がないってボロクソに言われたなぁ」

休憩中にお茶を飲みながら、松本さんがため息をつきました。

「僕もですよ。プロになるのは難しいって師匠には散々、言われましたもん」

励ましましたが、松本さんは「でも、プロになったでしょう？　そこがトミー先生の偉いところですよ。私なんて、才能がないなら辞めますってあっさり辞めちゃったからねぇ」と苦笑しています。

「あの口の悪い先生、今も現役なのかな？　トミー先生ならご存知かもしれない」と松本さんが口にした名前を聞いて、僕はひっくり返りそうになりました。

松本さんの先生は——僕の師匠でした。

亡くなったことを告げると、松本さんはしばらく黙りこみました。

僕はもう一杯、お茶を淹《い》れにいきました。松本さんを一人にしてあげたかったのです。

僕が教室に戻ると、松本さんが静かに言いました。

「トミー先生。私はね、いつかまた、マジックがやりたいなってずっと思っていたんです。でも、思うだけで行動を起こせないまま、この年になってしまって……。もうマジックとはご縁がないと思っていましたよ。でも、町で見たトミー先生のマジックがずっと忘れられなかった。やっぱり、マジックをやりたい、という気持ちが抑えきれなくなってお電話したんです」

松本さんが電話をくれたのは、亡くなった師匠の命日。僕がお墓参りに行った日の夜でした。

僕がそう言うと、松本さんは目をパチパチと瞬かせました。

「そうだったんですか……あの先生、ずーっと昔の不出来な生徒のこと、気にしてくれてたのかねぇ……」

泣き笑いのような顔で、松本さんが呟きました。

「きっとそうですよ」と言いながら、僕は、雲の上で大好きなお酒を飲んでいる師匠の姿を思い浮かべていました。

僕らの会話を肴《さかな》にしているかもしれません。

そうだったらいいな、と思います。

トミーの格言

良いご縁とは人を成長させ、さらに良いご縁を繋いでくれる。ただ、悪い縁は、必ず次の悪い縁を生んでしまう。（お金の）円を大切にする人生と、（人の）縁を大切にする人生！　どちらを選ぶかはあなた次第！

ご縁とは、「生き方」や「思考」の合う人同士が、磁石のように引き寄せられること。さらに、縁は人だけではなく、本やお金などの「物」も引き寄せる。良いご縁を引き寄せたいのなら、良い「生き方」や「思考」を改めて考え直してみよう。

5

病院にて——

プロのマジシャンとして活動し始めると、いろいろなところからお声をかけてもらえるようになりました。

飲食店はもちろん、お誕生日やクリスマスなどのパーティー、披露宴まで――。

そのときにいたお客さんが僕のマジックを気に入ってくれて、また別のイベントやパーティーに呼んでくれて――いわゆるクチコミで増えていったのです。

パーティーでは少し大掛かりなステージマジックをやったり、お客さんにも協力してもらうマジックをやったりします。

マジックで使う大きな輪っかやボックスに異常がないかを確認してもらったり、ときにはアシスタント役をやってもらったり、とショー的な要素を取り入れて、その場にいる人たちにできるだけ参加してもらいます。

事前の打ち合わせや声かけもなしで、お客さんの中から選んで前に出てきてもらうので、どんな人かはわかりません。

だから、リスクもあるのですが、おかげで大概のことには臨機応変に対応できるようになりました。

それにパーティーでは見知った顔がスポットを浴びるだけで、場が盛り上がるのです。恥ずかしがるあまり無表情になってしまう人や、タネを暴いてやろうと挑戦的な人もいるのですが、ステージで一緒にマジックを楽しむと――あっという間に笑顔になります。

参加してくださった方が笑顔になったり、楽しんでくれたりすると、会場全体もいい雰囲気になるのです。

友人の結婚披露宴で、新郎新婦のお色直し中にマジックショーをやってほしい、と依頼されたことがあります。

この披露宴のときにお手伝いをお願いしたのは、新郎新婦のご友人からお一人ずつ。女性のほうは恥ずかしそうにモジモジしていましたし、男性もちょっと照れくさかったのか、最初はぶっきらぼうな受け答えでした。

でも、二人とも終わるころには喜んでくださって一安心。

お二人は席に戻ると、「いやぁ、楽しかった！」「タネなんて全然見えないの。感動！」と興奮冷めやらぬ様子で、さらに場を盛り上げてくださいました。

私も披露宴の出席者だったので、マジックが終わるとステージ衣装から礼服に戻り、メイクも取って、自分の席にそっと着きました。

「お疲れさま。よかったよー」

隣の席の原田さんが声をかけてくれました。

原田さんと僕は、新郎の卓球仲間です。

ストレス解消と運動不足解消のために、と僕が卓球を始めて数年になっていました。僕や原田さんが所属している卓球教室は大会にも出ますが、基本的には楽しく白球を追うというコンセプトなので、気軽に続けられるのです。

メンバーは社会人がほとんどで、転勤で辞めてしまう人や、忙しくて来られなくなる人もいます。原田さんもここ数ヶ月、姿を見かけませんでした。

(原田さん、仕事が忙しいのかな、かなり痩せた気がするなぁ)と気にはなりましたが、こういう席は明るい話題のほうがいいと思って、彼の近況を聞けずにいました。

テーブルに残してもらっていたお料理を食べ始めた僕に、原田さんが話しかけてきます。

「マジックのショーを生で見たの、初めてだよ。面白いし、楽しいよね。トミーさん、こういう出張ってどこでもやるの？　幼稚園とか学校とか……病院とかも？」

僕は口の中のものをゴクンと飲み込んで頷きました。

「お声がかかるところで条件が合うなら、どこにでもいきますよ」

答えながら、(原田さんは僕にマジックショーの出張を頼みたいんだな)と思いました。卓球仲間から依頼を受けることは少なくありません。今日みたいなパーティーだけでなく、新商品のＰＲイベントに呼ばれることもあるのです。

でも——原田さんのお勤めは税理士事務所。どういうところに呼びたいのかな、と考えながら、僕は原田さんを見つめました。


「トミーさん、病院とかだとマジックのショーをやるのって難しくない？　今日みたいに大がかりなマジックはできないよね？」

「そんなことないですよ。場所や人数に合わせたマジックにするから大丈夫です。病院っていろいろと制約がありますけど、患者さんたちにも好評なんです。お手伝いしてもらうと、すごく嬉しそうで……」

「確かに。さっきみたいに手伝ってもらう場面があると、テレビで見るのとは違った感じになるしね」

そう言う原田さんの表情が少し曇って、僕は（おや？）と思ったのですが、原田さんはすぐに笑顔に戻って続けます。

「新郎新婦がお色直しに行ってる間って、どうしても会場の雰囲気が緩むよね。挨拶に立ち歩いたり食事に気をとられたりするから、みんなの気持ちが一時的にバラバラになるって感じで。でも、トミーさんのマジックとトークのおかげで、またひとつになった気がする」

それはとても嬉しい言葉でした。僕のやりたかったことがきちんと伝わっていたんだ、とホッとするやら嬉しいやら……。

原田さんが言いにくそうに本題に入りました。

「実は……さ、うちの子、入院しててね。本人も僕ら家族も気分が沈んじゃってて――さっきのショーを見てたら、ああ、息子に見せてやりたいって思ったんだ。一緒に驚いたり笑ったりしたいなって。トミーさんはどんな病棟でも行くの？」

原田さんの元気がなかったのは、息子さんの病気のせいだったようです。僕は大きく頷きました。

「ええ、どこにでも行かせていただいてますよ」

ただ、お客さんが高齢者と若い人では見せるマジックや演出、ショーで使う曲なども変わってきます。患者さんたちの雰囲気を知りたくて、「なに病棟ですか？」と聞いてみたのですが——。

「えっと……言わなきゃ、受けてくれない、かな？」

原田さんから歯切れの悪い言葉が返ってきて、「いえいえ！　大丈夫ですよ」と僕は首を振りました。

病気はデリケートな問題です。僕はそれ以上、踏み込むのをやめました。

それに、これまでどこの病院、どこの病棟でやっても楽しんでもらえた、という自信があったので、大まかなところだけ決めておいて、当日、患者さんたちの雰囲気を見てアレンジしようと思ったのです。


原田さんが許可を取ってくださり、病院でマジックをする日になりました。

原田さんの息子さんは高校生です。でも、世代混合の病棟の可能性もあるし——と僕は、いろいろな道具を用意していました。

病棟に案内されて、僕は一瞬、息を飲みました。

そこは、筋ジストロフィーの患者さんだけの専門病棟だったのです。

筋ジストロフィーというのは、筋肉が衰えていく病気です。物が持てなくなり、歩けなくなる。やがて表情や呼吸も――。

今まで行った病院にも筋ジストロフィーの患者さんはおられました。でも、フロア全員がそう、というのは初めてです。

控室がわりの会議室に案内してもらいながら、僕はショーのプランを慌てて練り直しました。

お手伝いに出てきてもらうのは、介助の方に車椅子を押してもらえば大丈夫。でも、口の筋肉が衰えていて話せないので、答えてもらうマジックはダメ。手の筋肉も衰えて動かせないので、何かを持ってもらうということもできない。表情の筋肉が衰えている方が大半だから、ウケているのかスべっているのかもわからない――。

これまでのショーでは、会場のお客さんとの掛け合いで場の空気を確認したり、お手伝いに出てきてもらったお客さんとのやりとりで盛り上げてきたりしたのですが、今回はそれが無理なのです。

どうしよう、どうしよう。どうしたらいい？

焦りました。

あのマジックは――ダメだ、お客さんからコールしてもらわなきゃいけない。この演出は――ムリだ、質問に答えてもらえない。その道具は――ダメだ、持てないからタネがないことを確認してもらえない。

ダメ、ダメ、ムリ、ムリなことばかり。これでは楽しんでもらうことは難しい……。

僕は一瞬で、かつての自信のないダメ人間に戻ってしまいました。

このステージは失敗する、とさえ思いました。

せっかく呼んでくださったのに「あんな下手くそを呼んで」と原田さんが責められることになったらどうしよう。いっそのこと、今からでも断ったほうがいいんじゃないか――という考えも浮かびました。

「今日は最後に、医師やナース、スタッフで患者さんに歌のプレゼントをするんですよ」と案内してくれたスタッフが明るい声で教えてくれました。

歌は僕の出番の後。会場の空気を盛り下げてしまったら申し訳ない——泣きそうな気持ちになってきました。

そのときです。控室に原田さんが来てくれました。

「トミーさん、病棟のこと、黙っててごめん！　筋ジストロフィーの病棟って知ったら、いつもの演出が使えないって断られるかもと思ってしまって。でも、どうしても、息子に見せたくて。本当にごめん……」

申し訳なさそうな様子に、ノーアイデアだったにもかかわらず、僕は自信満々を装って言いました。

「いえいえ！　大丈夫です！　息子さんや皆さんに楽しんでいただけるよう頑張りますね」

そう言ったからには逃げられなくなりました。楽しんでもらえるようになんとか考えよう、と思いかけてハッとしました。

そうだ、僕は楽しんでもらうために来たんじゃないか。

確かに反応はわかりづらいかもしれない。でも、気持ちの筋肉までは衰えていないはず。いつも通りやれば、きっと心の中で楽しんでくれる、笑ってくれる――。

僕はその日、三十人の患者さんの前でいつもと同じように一生懸命、マジックをやりました。

患者さんは動けないので、患者さんのご家族やスタッフ、ナースや医師にお手伝いをしてもらったのです。

いつものショーを少しアレンジし、舞台の設定は病院なんだけど、病院では絶対に起こらないことをやりました。

ベッドとベッドを輪っかで繋いだり、偉い先生をロープでぐるぐる巻きにしてしまったり――先生やナースは最初、かなり戸惑っておられました。

でも、ショーが進むにつれて徐々にノッてきて、大げさなリアクションまでしてくれたのです。ご家族との垣根もなくなり、笑いや声援も起きました。

ぶっつけ本番の演出――いつもなら短く感じる三十分という時間が、少し長く感じられたのは、僕が緊張していたせいかもしれません。

ショーが終わり、「ありがとうございました！」と言って、僕は大きく頭を下げました。顔を上げようとした、そのときです。ふっと空気が動いた気がしました。ショーが終った瞬間、客席から拍手が沸き起こるのと同じ空気の動きです——。

僕はハッと顔を上げました。

目の前の患者さんたちはみんな、じっと車椅子に座っておられましたが、僕にはわかりました。

手を叩きたい、すごいって言いたい——。

患者さんたちは手を動かすことは難しい。でも、拍手をしたい、という気持ちが僕に伝わってきたのです。

僕は嬉しくなって、ナースに許可をもらって患者さん一人一人と握手をして回りました。触れた指や手から、暖かい気持ちが伝わってきます。合わせた目から喜びが伝わってきます。

最後に原田さんご家族のところへ行きました。

原田さんが「トミーさん、ありがとうございました」と声を弾ませています。

息子さんは車椅子に乗っておられましたが、発症してそれほど経っていないということもあり、他の方よりは身体や表情を動かすことができました。

息子さんがニコニコ笑っておられるのを見て、僕も嬉しくなりました。

彼は僕の手を握り返してくれて、「すごく、楽しかった、です」と感想まで言ってくれたのです！


息子さんが原田さんの奥さんと一緒に病室へ戻ったあと、原田さんが言いました。

「病気がわかってから、ずっと笑ってなかったんだ、うちの子——あの若さで病気になって、不安と恐怖でいっぱいで……そりゃ笑えないよ。笑えるわけないよね。でも、今日は笑ってたんだ……。トミーさんのおかげだ」

ありがとう、と深々と頭を下げられ、僕は慌てました。

「そんな……皆さんに協力してもらえたからですよ。僕一人じゃ絶対にできなかった」

原田さんは目に浮かんだ涙を指で拭いながら、「確かに先生方の、意外な一面も見ることができたなぁ」と微笑みました。

「女房の笑い声を聞いたのも、久しぶりだったよ。私も——気が付いたら笑ってた。笑いってすごいね。心がふっと軽くなった」

原田さんを慰める言葉は出ませんでした。僕の言葉では慰めきれないほどのことが、起きているのですから——。

そのかわり、僕は原田さんに言いました。

「今日、皆さんの前でマジックができてよかったです。呼んでいただいてありがとうございました！　また呼んでくださいね！」

僕がマジックをしたのは三十分。ほんの短い時間ですが、患者さんやご家族が何度でも思い出して、楽しい気持ちになってもらえたらいいな、と思いました。

身体は動けなくても、心はどこにでも飛んでいけるのですから！

原田さんからは時々、息子さんの近況を伝えるメールが届きます。

それを読むたび、あのときの感動を思い出し、マジックは「その時」「その場」にいる「その人」の気持ちに訴えるものなんだ、と自分に言い聞かせるのです——。

トミーの格言

不足を言わず足るを知る！

人は無いものばかりに目がいくが
あるものには目がいかない特性がある。
僕には先天性の病気で歯がなかった！
歯があって笑えるのに、世の中笑わない人が多すぎる。

病院にて——

6

継《つ》ぐ想《おも》い——カズキくんのこと

僕がやっているマジックスクールには、いろいろな生徒さんがきます。趣味としてやりたい人、披露宴やパーティで披露したい人——など。もちろん、プロになりたい、という人もいます。

大学生のカズキくんも、プロ志望者の一人でした。

イベントで僕のマジックを見て、「これこそ、最高のエンターテイメントだ！」と感動し、プロのマジシャンになる！　と強く思ったという彼は、生徒さんの中でも一番熱心でした。

毎回のレッスンでは確実に腕を上げていて、練習にかなりの時間を割いているのがわかります。

「両親はビックリしてましたけど、そんなにやりたいんならやってみなさいって言ってくれたんです」とカズキくんは嬉しそうに言っていました。

彼は、僕や他のマジシャンのショーにもよく足を運び、食い入るようにステージを見ていました。

生徒として、お客さんとして、プロ志望者として——彼のように複数の目でショーを見てくれる存在は貴重です。

ショーが終わったあと、「今日どうだった？　何か気がついたことあった？」と彼に意見を求めたことがあります。

「師匠、それが——勉強のために冷静に見なきゃと思うのに、すっかり楽しんでしまって……ダメですね。でも、改めて先生のような、人を幸せにするマジシャンになりたいって思いました！」

「そうやってマジックを心から楽しめるキミなら、いつかきっとその夢は叶うよ」

僕がそう励ますと、彼は「じゃあ……まずは発表会に全力を尽くします！」と声を弾ませました。

うちのスクールでは、年一回、発表会をやっています。

ステージをきちんと作り、音楽も照明も入れ……つまり、僕たちがお金を貰ってやっているのと同じ、「本気の場」を用意するのです。

ここまで本格的なステージは、ほとんどの生徒さんたちにとって初めてのこと。緊張はしますが、それ以上に喜びを感じることができるのです。

お客さんは、生徒さんのご家族や友人たち。出番が終わった生徒さんたちも客席に加わります。

身内といっても、大勢のお客さんを前にマジックをするのはかなり緊張しますし、なによりも会場の雰囲気をまとめるのは力量がいります。

一年間の成果を披露すると同時に、生徒さんたちにとって修行の場でもあるのです。

そして、この発表会はプロへの第一歩でもありました。

発表会には、仕事を紹介してくれる知り合いをいつも何人か呼んでいるのです。

彼らに気に入ってもらえれば、仕事がもらえる——つまり、デビューが決まる可能性もあるのです。

それを知ったカズキくんは張り切っていました。

自分の演技をビデオに撮って、二人で見直します。僕はどこが問題なのか指摘し、ヒントを出し——練りに練ったため、仕上がりは上々。

発表会にはきっといい演技をしてくれるだろう、と僕もかなり期待していました。

発表会を十日後に控えたある朝。

携帯電話の着信音に起こされました。寝ぼけ眼《まなこ》で出ると、カズキくんのお父さんからです。

「カズキなんですが、スクールを辞めさせていただきます」

お父さんの言葉で、一気に目が覚めました。

カズキくんは大学三年生。てっきり、進路のことで揉めたのだ、と思いました。今までもいたのです。ご家族の反対にあって、プロの道を諦めた生徒さんが。

「……どうしてですか？　カズキくんがそれを望んでいるのですか？」

できるだけ穏やかに尋ねました。もし、カズキくんがやりたいのにご両親が反対しているなら、微力ながら説得しようと思ったのです。

少し間が空き――お父さんは震える声で言いました。

「カズキは昨日……亡くなりました……」

聞き間違いかと思いました。そうであってほしかった。

「待ってください、そんなバカな……！　四日前にレッスンに来てくれたばかりですよ？　元気そうでしたし、発表会に向けてアイデアをいっぱい出してくれていて……何が、何があったんですか？」

僕は早口でまくしたててしまいました。動揺のあまり、身体の震えが止まりません。

「それが――私たちにもわからないんです」

お父さんは絞りだすような声で答えました。

「昨日の朝、いつものように妻が息子を起こしに行ったら、布団の中で冷たくなっていて……それで……」

そこまで話して、お父さんは声をつまらせました。やがて、すすり泣きが耳に届き、ああ、本当なのだ……と全身から力が抜けていきました。

涙が次から次へとあふれ、お父さんに何か言葉を、と思っても何ひとつ出てきません。

「カズキくんは今、おうちに？」と聞くだけで精一杯でした。

「司法解剖中で……まだうちには戻ってきてないんです」

お父さんは気丈に答えてくださいました。

僕はその日、昼にイベント、夜にパーティの仕事が入っていました。

場を盛り上げ、お客さんを楽しませる――でも、こんな気持ちで笑えるわけがない。お客さんを楽しませることができるわけがない。

別のマジシャンを手配したほうがいいかもしれない、と思いました。

でも、電話はかけなかった。

カズキくんの言葉を思い出したからです。

――先生のような、人を幸せにするマジシャンになりたい。

僕が仕事をキャンセルしたら、きっと彼は悲しむに違いない。こういう時だからこそ、とびきりの笑顔で、思い切り楽しいショーにしなければ――。

それがカズキくんへの供養になるような気がして、僕は夢中で仕事をやりきりました。

翌日、カズキくんのお父さんに電話をかけました。

解剖の結果は、原因不明の突然死――。葬儀は家族だけでやります、とのことでした。

カズキくんが入れていたレッスンの予約をキャンセルする作業はとても辛かった。

彼はもういないのだ、と頭ではわかっているのに、心が信じようとしないのです。

次のレッスン日に「先生、見てください！」と元気にやってきそうな気がしてなりませんでした。

葬儀が終わった後で、僕はカズキくんの家を訪ねました。

祭壇に飾られているカズキくんの遺影と白木の箱を見て、やっと、本当なんだ……と実感がわきました。

彼はまだ二十歳になったばかり。やりたいことはいっぱいあったはずなのです。プロのマジシャンになりたい。大勢の人を喜ばせたい——。

本当ならあと一週間ほどで、それが叶えられるはずだったのに、と思うとやるせない気持ちでいっぱいでした。

「来週、スクールの発表会があるんですが、その中で息子さんのための時間を設けてもいいでしょうか？」

僕がそうお願いすると、ご両親は快諾してくださいました。

「あの子、発表会をすごく楽しみにしてたんです。私たち相手に毎日練習をしていて……だから、どんな形でも発表会に参加できるのであれば……お願いします」

発表会には、カズキくんのご両親をお招きしました。カズキくんが亡くなってまだ日が浅く、彼がもういないのだ、という現実を見せられるのは辛かったと思います。

でも、ご両親は発表会に来てくださった。

僕たちはカズキくんのために黙祷を捧げ、そして、ビデオを流しました。彼が練習用に撮っていた映像です。彼の最後の演技でした。

演技を見た僕の「いいね！　ほぼ完璧だと思う！」という声のあとで、彼が恥ずかしそうに、でも、とても嬉しそうな顔をしたところで映像は終わりました。

最後に僕は彼のために作った曲を披露しましたが、胸が詰まり、歌いきることができませんでした。

カズキくん。情けない先生でごめん――。

後日、発表会の写真を整理していて「あっ」と声が出ました。

ステージ上で撮った集合写真に、小さな光の玉が写り込んでいました。それも、僕や、仲の良かった仲間の背後にたくさん……。

発表会ではいつも最後に集合写真を撮っています。いつもと同じステージの上で、撮影の担当者も照明も同じ。こんな光の玉が写り込んでいたことは今までありませんでした。

「カズキくんだ……！」

きっと、発表会を観に来てくれていたのです。

サヨナラを言いに来てくれたのです。


カズキくん、ありがとう。

キミの「人を幸せにするマジシャンになりたい」という思いは、きっと仲間たちに受け継がれていくはず。

もちろん、僕にも。

だから、どんなことがあろうとも、僕は今日も笑顔でステージに立ち続けるのです。

トミーの格言

人生とは今日一日の積み重ねだ！
過去も未来も存在せず、あるのは今という瞬間しかない！
大切にすべきは限りある命の『今』を見つめること！

人にはどうしても選べない運命というものがあるかもしれないけど、それにどう向き合うかはあなたが選ぶことができる。後悔のないように今、この一瞬を見つめていきましょう。

継《つ》ぐ想《おも》い——カズキくんのこと

7

3.11——マッキーのこと

二〇一四年は僕にとって、とても印象深い年でした。初めて、弟子ができたのです。マジックのスクールでたくさん生徒さんを抱えてはいましたが、弟子という存在は初めてで、何もかも手探りでした。

初めての弟子・マッキーも元々はスクールの生徒さんでした。

ちょっとお調子者で明るくて、マジックで失敗してもブーイングが出ない、逆に声援を送られるという得なタイプです。

スクールへの志望動機は「独学でやってきたので、ちゃんと勉強してお金を稼げるプロになりたい」と、なかなか率直なものでした。

会社勤めをしながら、週二回、栃木の実家からスクールのある埼玉まで通うのはなかなか大変です。それでもマッキーは休まずにスクールへやってきました。

彼は「大変さ」を表に出さず、飄々《ひょうひょう》としているところがいいな、と思っていました。

ある日、マッキーに相談されました。

「俺、本気でプロになりたいんです。これより上のクラスってありますか?」

独学でやっていただけあって飲み込みは早いし、筋もいい。明るくてステージ映えする声と立ち姿。マッキーにはプロになる素地がある、と思っていた僕はある提案をしました。

「こっちに引っ越してこれる？　本気でプロになる気があるなら、弟子として引き受けてもいいと思ってる。ただし、生徒さんじゃなくなるから、すごく厳しく行くよ。それでもよければ」

マッキーはその二日後、埼玉に引っ越してきました。

スクールの生徒さんは趣味でやっていきたい方が多いので、彼らがマジックを嫌いにならないよう、レッスンのときは「楽しく」「優しく」を心がけていました。

でも、弟子はプロを目指しているのですから、厳しく指導しなければいけません。プロになる限りは、覚えなければならないことがたくさんあります。

マジックの技術はもちろんですが、ステージの準備や片付け、トークの盛り上げ方、照明や音響の使い方、ステージング、営業方法――。

僕にとって初めての弟子です。絶対、プロになってほしくて、マッキーには僕の持っている技術や経験を全て叩きこみました。

まだ二十代半ばの若いマッキーには、言葉遣いや礼儀まで口うるさく教えていきました。一挙手一投足、すべてがステージのできを左右するからです。

厳しすぎて根をあげたら仕方がない、それならそれまでのこと、と思っていましたが、マッキーは弱音を吐かず、前向きに取り組んでいました。

空き時間には、僕が若い頃やっていたように路上でのパフォーマンスも始めたのです。朝から晩まで、マジック漬けの日々でした。

ある日、彼と食事に行った時に聞いてみました。

「マッキーがプロになりたいのは、本当にお金のためだけなの?」

それだけの理由で、今のハードな生活を続けていられるわけがない。他にも理由があるはず、と思ったのです。

マッキーは短くはない沈黙のあとで、口を開きました。

「師匠。俺、ずっと話してなかったことがあるんです。聞いてもらえますか?」

いつもの明るい表情とは違う、沈鬱な表情です。

僕が頷くと、彼はゆっくり話し始めました――。

俺の出身は栃木ではなく、東北の陸前高田なんです。
そうです、あの東日本大震災で被害にあった――。
高校生の頃、父の転勤で栃木に引っ越しましたが、祖父母は陸前高田市に残りました。
二人暮らしで寂しいだろうし、俺もあの町が好きだったので、引っ越した後もちょく
ちょく遊びに行ってました。
松林を歩きながら海を眺めるのが好きだったなぁ。
中学も高校も手品部だったから、祖父母の前でもよくやって見せました。
祖父のお気に入りはコインが消えるマジックで、祖母のお気に入りはカードを当てる
マジック。
新しいマジックを覚えるたびに俺は二人に見せに行ってました。
そして、最後は必ずコインとカードのマジックで締める――。
何度も見ているのに、祖父母は目を輝かせて見入ってくれました。

二人は俺にとって、最高のお客さんだった。

二〇一一年……あの年のお正月にも家族で陸前高田に帰りました。栃木に戻る時には「また来るね」なんて気軽に言葉を交わして――。

地震の後、両親が何度も祖父母の家に電話しましたが、繋がりませんでした。回線の状態が少し落ち着いてから電話をかけたら――コールが鳴りませんでした。電話線が切れている地域もまだまだあったけど、イヤな予感しかしなかった。

避難所に行っているかもしれない、と希望をつないで、震災から十三日後、僕と父は救援物資を積み込んだ車で東北に向かいました。

どの避難所にも、祖父母はいませんでした。

念のため、各避難所の掲示板にうちの連絡先を書いたけど、父は「ダメかもしれない……」とかなり憔悴していました。

「遺体安置所にもそれらしき姿はなかったんだから、信じようよ！」

俺は何度も父に言いましたが、本当は自分に言い聞かせていたんです。

許可をもらって、俺たちは祖父母が住んでいた町まで車を走らせました。周りの人たちからは「本当に行くのか」と何度も聞かれました。その理由は、陸前高田に入ってすぐにわかりました。

陸前高田は、東北でも特に被害が大きかった地域の一つです。見渡す限り、瓦礫の山……。見慣れた駅もスーパーも街並みも、すべて消え失せていました。

普通だったらあり得ないことだから、一瞬、映画のセットか何かのようにしか思えなかった。

でも、そこに漂う潮やドブの混じった臭い、それ以外の何とも言えない強烈な臭いのせいで、「これは現実なんだ」と絶望的な気持ちになりました。

物や人を消すマジックがあるでしょう？　あのマジックでは、消えたはずの物や人が最後には無傷で現れる——。

目を閉じて、「1、2、3」と呟いて目を開けてみましたが、元の瓦礫の山のまま。何度やっても同じでした。

そして、俺は見てしまったんです。至る所に重なっている遺体の山を……。

テレビでは絶対に映されることのない光景に、父と二人、立ちすくみました。

祖父母の家があったところには何かの工場と思われる瓦礫があるだけでした。祖父母の家は完全に流されてしまったのです。

祖父母がそこで暮らしていた痕跡を、どこにも見つけ出すことはできなかった。

唯一、ここは陸前高田なのだ、と思えたのが、海岸沿いの松でした。一本だけ残った松は、俺が子どもの頃からよく遊んでいた場所にありました。

祖父母を消した災害が憎かった。同時に、今までやってきたマジックがバカバカしくなってしまいました。

物を消して、また出して——そうやって人を驚かせたり面白がらせたりしてきたけれど、たくさんの大切なものが一瞬で消し去られた町を見た後では、もう二度とする気にはなれない、と思ったのです。特に消失系のマジックは。

俺たちは避難所に戻りました。

祖父母の遺体が見つかった場合のことを考えて、父はいろいろな手続きをしに行き、俺は避難所の手伝いに入りました。

食料を配る手伝いをしている時、気になった女の子がいました。

その子は父親らしき人が差し出すオニギリに目もくれず、ずっと泣いていました。

震災から二週間が経っているのにまだ先が見えない状況で、被災者の神経もすり減っている時期です。

周りの人たちが女の子の泣き声に苛立っている様子だったので、俺はその場を他の人に任せて、女の子のところに行きました。

お父さんが疲れた顔で事情を教えてくれました。

「今朝、見つかったんです。妻の、この子の母親の遺体が」

八歳になったばかりというミキちゃんは、それを聞いて一層激しく泣き出しました。

いろいろと声をかけてみましたが、泣きやみません。俺の責任だ、と焦って、(アメかチョコか何かなかったかな)とアタフタとポケットを探りました。

ポケットに入っていたのはお菓子ではなく、コインとトランプでした。

「ミキちゃん。ちょっと見て」

そう声をかけると、俺はテーブルがなくてもできる、リフルシャッフルをミキちゃんの目の前でして見せました。

空中で二つの山に分けたトランプを交互に重なるように弾いていきます。最後に、混ぜあわせたトランプを指の下でドームの形にしてジャッとカードを落として揃える。単純だけど、派手なトランプの切り方です。

目の前で見せられて、ミキちゃんは戸惑っています。泣き声は止まり、しゃくりあげながらも、俺の手の中のトランプを見つめています。

もう一度、リフルシャッフルをして見せたとき、周りに人が集まっていることに気づきました。

うるさいって怒られるかもと緊張しましたが、周りの人たちは「うまいねぇ」「ねぇ、もう一回やってよ」と言ってくださったのでホッとしました。

大声を出さなければ大丈夫そうです。

もう二回、リフルシャッフルをしてから、俺は取り出したコインを周りの人に見せながら言いました。

「では、まずはコインを使ったマジックをやりますね」

何度もやった、慣れたマジックです。

コインが手を貫通する、シンプルなマジック。そして、コインが出てきたり消えたりするマジック。

見ている人たちから、「わ、どうなってるの!」「え、ちょっとゆっくりやって」「手で隠してるんだよ」「袖じゃないの?」と声があがります。

ミキちゃんも不思議そうな顔で、俺のヒラヒラと動く手を目で追っています。

祖父もいつもミキちゃんと同じような反応をしてくれていました。目で追い、タネがわかった、と言っては俺を慌てさせ――。

おまえの手の動きはとてもいい。魔法使いみたいだ。

祖父がそう褒めてくれたから、もっとキレイに見えるようにと練習を繰り返したのです。

その祖父は――どこにいるんだろう。どこに消されてしまったのだろう。

「すごい、どうやったの？」

　ミキちゃんに聞かれて、俺はハッとしました。

「魔法を使ったんだよ」と笑顔で答え、「皆さんに喜んでもらえたから、もうひとつ」

とトランプを取り出しました。


「次はトランプを使ったマジックです。ミキさん、一枚選んでください。そうしたら、こちらには見せないように何のカードだったか、覚えておいてくださいね。他の人にも見せてあげてください」

　扇状に広げたトランプを差し出すと、ミキちゃんはそっと一枚抜きました。

カードの裏面を見た瞬間、彼女の手が止まりましたが、周りの人に促され、俺に見えないようにカードを見せて回ります。

「さて。ミキさんの引いたのは……コレですね」

　お約束の前振りです。

　俺は得意そうに言いながら、カードを一枚取り出しました。

　そのカードを見て、ミキちゃんは「違います」と首を振り、ガッカリした空気が流れました。

僕は大げさに慌てて見せました。

「わぁ、すみません、久しぶりで失敗しちゃったなぁ。冷や汗が出てきちゃいました……ミキさん。ポケットに入ってるハンカチ、貸してもらえる?」

そう言うと、ミキちゃんは首を傾げました。

「ポケット? ハンカチなんて持ってないよ……」

戸惑いながらポケットに手を入れたミキちゃんが、ハッとした顔になりました。

ポケットからゆっくり出てきた手には、トランプが一枚握られていて、周りの人たちが「まさか」「いや、だって」とザワザワし始めます。

そのトランプをじっと見つめている彼女に、俺は優しく尋ねました。

「ミキさん。何のカードだった?」

「ハートの6……さっき、わたしが選んだカード……」

「おお!」と感嘆の声が沸き起こりました。

気が付くと、たくさんの人が俺を見つめていました。疲れ切った人たちの顔に生気が戻り、笑顔の人もいます。

ホッとしました。少しの時間だけでも喜んでもらえてよかった。

しかも、祖母と祖父が好きだったマジックで。

ふと見ると、ミキちゃんがポケットから取り出したカードを見つめています。「そのカードが、どうかした？」と聞いてみると――。

「お母さん、ハートの模様、大好きだったの。こんなハート柄のハンカチ持ってた。ポーチも」

ミキちゃんの目にみるみる涙が溜まっていきます。

「お兄ちゃん。このトランプ、もらってもいい？　お母さんも、お母さんが大事にしていたものもみんな、流されちゃったの……」

せめて、このハートのトランプを形見がわりに――彼女の気持ちが痛いほどわかりました。

「もちろん、いいよ。どうぞ！」

俺は笑顔をつくってはいたけれど、泣きそうだった。

「ありがと、お兄ちゃん」

ミキちゃんが頭を下げた拍子に涙がポロリと頬を伝ったけれど、彼女はその涙を拭って、笑顔を見せてくれました。ハートのトランプを握りしめながら。

瓦礫の町を見たときに、もうマジックをする気にはなれない、と思ったのは本心です。人間を超えたところにある自然の力が、あらゆる大事なものを消し去ってしまうのだから。

でも、無力な俺でも戻せるものがある、と思いました。

笑顔です――ほんの小さな笑顔でも、未来へと向かうきっかけになりそうな気がしたんです。

長い話を終えると、マッキーはお茶を飲み干し、僕を見上げました。

「なかなか本当のことを言えなくてすみません。これが、俺がプロのマジシャンになりたい、本当の理由です」

あらゆる人に、できる限りたくさんの笑顔を――僕が目指すものでもあります。

「マッキー、話してくれてありがとう。キミを弟子に選んでよかった」

「ありがとうございます。でも、その言葉、俺がプロになってから、もう一度言ってもらっていいですか」

いつものおどけた表情を見せるマッキーに、「いいよ。今以上にビシバシいくから覚悟しといて」と言うと、彼は笑って頭を下げました。

トミーの格言

プロフェッショナルとは、諦めなかったアマチュアのことである。夢は絶対に逃げない。逃げるのはいつも人間なのだ!

「弟子は師匠なり」という言葉があります。

僕はマッキーからたくさんのことを学びました。

彼は決して逃げずに、前だけを向いて歩んできました。夢の神様に好かれる、そんな習慣を持つ人間になったから、夢を引き寄せたのです。

8

繋がる輪っか――ケンスケくんのこと

僕が「マジックをやることで、いじめやうつから立ち直った」と話しているからでしょうか。

時々、問題を抱える子どもたちに話をしてほしい、と言われることがあります。

僕自身が誰にも助けてもらえない状況に絶望し、大好きなマジックに逃げるしかなかったので、同じような苦しみを抱える子どもさんが少しでも楽になるなら、と可能な限りお引き受けしています。

ある日、僕のもとに届いた依頼は、いじめなどで不登校になった子どもを支援しているNPO法人からのものでした。

いじめられた経験からどのように立ち直ったのか。どうやってプロのマジシャンになったのか——子どもにマジックを教えながら、そういう話をしてほしい、ということでした。

話し合いを重ね、僕は『マジックスクールに体験入学』というプログラムをすることになりました。

そのNPO法人ではいろいろなジャンルに働きかけて、子どもたちが参加したい、やってみたいと思える選択肢を増やしているのです。学校に居場所をなくした子どもたちが、外へと目を向けられるように――。

約束の日にやってきたのは、中学一年生のケンスケくん。

無表情だし、挨拶も口の中でモショモショモショ……と言うだけです。

元気がない様子だったので、大人に言われて渋々来たのかな、と思っていましたが、自己紹介で彼自身がいくつかのプログラムの中からマジックを選んだと聞いて、嬉しくなりました。

「ケンスケくんはどうして、うちの体験入学を選んだの？」

「別に……。手品、好きだし……やったことあるし……」

「へぇ、やったのは何歳のとき？」

「小四……」

おお！　と僕は思わず声をあげてしまい、ケンスケくんは後ずさってしまいました。

「ごめん、大声出して。あのね、ケンスケくん。僕も初めてマジックをやったの小四なんだよ。だから嬉しくってつい……」

へぇ、とケンスケくんが興味深そうに僕を見つめます。

「ケンスケくんが初めて人に見せたマジック、なんだった？」

「友だちのお誕生日会で——場所もないから……すごく簡単なヤツだよ。ヒモをハサミで切っても、切れてませんでした～ってヤツ」

「あのマジック、タネが見えないようにするのが難しいのに、すごいなぁ」と感心すると、彼は恥ずかしそうに俯きました。


「今日は他のマジックもやってみようか。ちょうどいいのがあるんだ」

そう言って僕は、かつて祖父から買ってもらったマジックのセットを取り出しました。

中学生にマジックを体験してもらうなら、プロ仕様のものよりも僕が子どもの頃に使っていたもののほうが使いやすいと思って、家から持ってきたのです。

そのマジックのセットを見て、ケンスケくんが顔をしかめました。

「うぇ、古い……」

「箱はね、そりゃ古いよ。三十年前のだから。でも、中身はちゃんと手入れしているからキレイだよ」

箱の中には、僕が当時毎日持ち歩いていた輪っかが静かに収まっていました。

「あ、このマジック、知ってる……」

「そう、輪っかの有名なヤツだよね。やったことある？」

小さく頷いた彼に輪っかを渡そうとしたら、ケンスケくんは出しかけた手をパッと引っ込めてしまいました。

「やめとく……どうせ下手くそだし、プロの前でなんかできない……」

彼の気持ちもわかります。無理強いはせずに、「そうか。じゃあ、先にやってみせるね」と声をかけ、僕はすぅっと息を吸い込みました。

「こちらにあります、輪っか。このように、タネも仕掛けもございません――」と声のトーンをショー用のものに変えて、輪っかのマジックの始まりです。

輪っかを繋げて、外して――最終的に消して見せると、ケンスケくんが目を丸くしていました。

「すごい……僕が今まで見た中で、一番動きがキレイ……」

素晴らしい褒め言葉です。ケンスケくんは僕の手をじっと見つめました。

「やっぱり手が大きいとタネを仕込みやすいし、いいなぁ……舞台で映えるよね……」

さすが、マジックをやっていただけあって、よく見ています。どうやら彼は、最初から僕の手の大きさが気になっていたようなのです。

「俺、手が小さいから……うまくタネが隠せないし、ピンポン玉のやつとか、うまく握れなくって……」

「どれどれ」と僕はケンスケくんの手に、自分の掌を重ねてみました。

確かに、圧倒的に大きさが違いますが、ケンスケくんはまだ中学一年の成長期。これから大きくなっていく可能性が高い。

でも、彼は「いいな、いいな」と繰り返していました。

「僕の場合、昔から身長と手の大きさだけはずば抜けてるって言われ続けてたから、余計に発達しちゃったのかも」と僕が言うと、「えー、それは遺伝とかでしょ……」とケンスケくんは冷静に返してきます。

僕はニヤリと笑って首を振りました。

「イヤイヤ、遺伝だけじゃなくて、褒め言葉の与える影響はすごいんだよ。植物にキレイだねって声をかけ続けると、葉っぱもピカピカになるし、花も声をかけないものよりも大きくキレイに咲くらしいよ」

「そうなの？」

「そうだよ。人間も、植物と同じなんだよね。キレイとか上手って褒め言葉をいっぱいかけてあげると、グングン伸びる」

「ふぅん……」と唸ったものの、ケンスケくんはあまり信じていないようです。


「実はね、ケンスケくんと同じ年の頃、僕の口癖は『ボク、バカだから』だったんだ」

僕がそう言うと、ケンスケくんは「――どうして？」と首を傾げました。

「勉強が苦手だったのは事実なんだけど、学校でいじめられててね。殴られたり蹴られたり、ひどいことを言われたりしてたんだよ」

当時のことを淡々と話すと、ケンスケくんの瞳が落ち着きなく動きました。

彼の「イタイ」ところに踏み込んだ感覚があって、でも、僕はそのまま言葉を続けました。

「人間って自分よりダメなヤツが好きなんだよ、優越感に浸れるから。だから、『ボク、バカだから』っていうと、相手は気分がよくなって、殴るときにちょっと手加減してくれたりするんだよね」

それを聞いて、ケンスケくんは「ああ。それ、あるよね……」と頷きました。

「でもね、ケンスケくん。僕がソレを口癖にしている一番大きな理由は、『ボクがバカだから、いじめられてるんだ』って自分を納得させたかったからなんだよ。ただ、そうすると――さっきの植物の話で考えると、この口癖は汚いものを自分にいっぱい与えているようなものじゃない？」

そりゃ成長しないよねぇ、と笑うと、ケンスケくんが心配そうに僕を見つめました。

「トミー先生は今もまだ、自分のことをバカって言ってるの？」

僕はニッコリ笑って答えました。

「よくぞ聞いてくれました！　今はね――『トミーは天才、トミーはすごい！』って言ってる」

そう言うと、ケンスケくんは「えー、ホントにそんなこと言ってるの？　恥ずかしくない？　確かにさっきのマジックはすごかったけどさ……」と顔をしかめました。

「恥ずかしくないよ。さっき、ケンスケくんが僕のことを『すごい』って褒めてくれたよね。その言葉は僕をグングン伸ばしてくれるものなんだ。でも、プロになる前はそんなことを言ってくれる人がいないでしょ？　だから、自分で自分に言ってあげることにしたんだ。天才だって」

「自分で自分に……」と僕の言葉を繰り返すと、ケンスケくんは黙りこんでしまいました。

「じゃあ――ここで、次のマジックです！」

僕はまたショーの口調になると、水の入った水差しと空《から》のコップ、ハンカチを机の上に置きました。

コップに水を入れ、ハンカチをかぶせると、そのコップを逆さにしてケンスケくんの掌に伏せます。

ケンスケくんが「あっ」と小さく叫びましたが、水はこぼれたりはしませんでした。

「よし、じゃあ、ケンスケくん。コップをそのまま持ち上げてみて」

「そんなことしたら、水がこぼれてビショビショになるよ……！」

躊躇するケンスケくんに「大丈夫だから」と微笑みかけると、彼は恐る恐るコップを掴んでそっと持ち上げました。

水が入ったコップとともにハンカチも持ち上がりましたが、やはり、水がこぼれることはありません。

うわぁ、と声をあげるケンスケくんに微笑みかけ、僕は受け取ったコップをゆっくりと口が上を向くように戻しました。

水の入ったコップにかぶせてあるハンカチ。その上に、大きめのハンカチをかぶせて全体を隠します。

掛け声とともにハンカチを取り去った途端、「あっ、すごい！」とケンスケくんが叫びました。コップには水ではなく、色とりどりのハンカチが詰まっていたのです——。

僕がお辞儀をすると、ケンスケくんは大きな拍手をしてくれました。

そして、「ねぇ、トミー先生って本当にいじめられてたの？　嘘だよね？」と疑わしそうに聞いてきました。僕が昔から、上手にマジックをやれていたんだと思ってしまったようです。

「いじめられてたよ。僕はみんなと違ってたからね」

「違ってたってどういうこと？」

不思議そうな顔をするケンスケくんに、僕は生えてこなかった永久歯の話をしました。

「今でこそ治療して、見た目は他の人と同じなんだけど、子どもの頃は宇宙人なんて言われて、高校までずっといじめられ続けた。でも、親にも先生にも言えなかった。そんなふうにバカにされている自分が、すごく恥ずかしかったんだね。みじめな自分が大嫌いだった。この世から消えてなくなりたいってずっと思ってたよ」

黙って話を聞いていたケンスケくんがゆっくりと息を吐いて、「俺はいじめられている原因がよくわかんないんだ」と呟きました。

「気が付いたら仲間ハズレにされてて、小さな意地悪をいっぱいされて、バカにされて笑われて。死のうって思った。学校の屋上まで行ったんだ。でも、怖くなってやめた」

僕はケンスケくんの言葉を黙って聴いていました。

「その日から学校に行けなくなったんだ。いじめはもちろんイヤなんだけど、学校に行ったらまた屋上に行きそうで……そうしたら今度は本当に飛んじゃいそうだから――」

初めて会った僕に、ケンスケくんはそんな大事なことを打ち明けてくれたのです。とても勇気がいっただろうに。

僕は机の上に出していたトランプの束をゆっくり切って混ぜながら聞きました。

「ケンスケくんのクラスって何人いるの？」

突然、話題が変わって、ケンスケくんがビックリしています。

「俺を入れて三十四人、かな？　なんで？」

「そこに担任の先生や学年主任、よく関わる大人を入れて、まあ全部で四十人ぐらい。これが今、ケンスケくんの周りにいる主な人たちだよね」

僕は言いながら、トランプを四十枚、机に並べて見せました。

何が始まるのか、と怪訝そうな顔をしているケンスケくんに「世界の人口っていま、どれぐらいだと思う？」と尋ねると、「知らないよ」と口を尖らせました。

「ネットで調べたら、七十六億人だって。日本だけでも一億人以上いる。いま、学校にいる四十人はキミの敵かもしれないけど、それ以外の、一億人は敵じゃないよ」

僕が言い切ると、ケンスケくんは「どうしてそんなこと、わかるんだよ。残りの一億人も、会ったらきっと俺のこと嫌いになる。イライラするに決まってる」と険しい目で僕を睨みました。

「でも、ケンスケくんはその人たちにまだ会ってないでしょ。会ってないんだから、味方でもないけど、敵でもない。今の時点では、敵じゃない人のほうが圧倒的に多いよね？」

僕が言った途端、険しい顔をしていたケンスケくんの眉毛がふっと下がりました。

「それ、すんげぇ乱暴な考え方じゃない？　それに規模がデカすぎ！」

「マジシャンは広い視野が必要なんだよ――つまり、僕が言いたいのはね、この机に載せられるような数の人のために死ぬなんてバカらしいってことだよ。会っていない七十六億人全員に会ってから決めても、遅くない」

それを聞いて、ケンスケくんが噴き出しました。

「七十六億人全員に会うなんて、一生かかっても無理じゃない？　トミー先生がやったら俺もやるけどさ」

気が付けば、ケンスケくんは僕のことを名前で呼んでくれていました。

「ケンスケくん。さっきの、『トミーは天才』って言うようになったのって、うちの奥さんの影響なんだ。その頃は奥さんじゃなくて彼女だったけど」

「なに、奥さん自慢？」

僕はニヤリと笑って「そうだよ」と頷きました。

「――でね、さっき見せたマジックのセット。あれは僕が初めて手にしたマジックの道具なんだけど、買ってくれたのはおじいちゃんなんだ。まだプロになっていない僕に、マジックを披露する場所を提供してくれたのはバイト先のオーナー。ボロカスに言われたけど、励ましてくれたのは師匠」

「いい人たちに会えてよかったね」

ケンスケくんはちっともそう思っていない平板な口調で言いました。

「俺はトミー先生とは違うから。そんないい人たちと出会えっこないよ……」

僕はさっきの輪っかにもう一度手を伸ばしました。

「ケンスケくん。僕がいじめられていたことは学校の先生だけじゃなく、クラスでもあまり知られていなかったんだ」

不思議そうな顔をするケンスケくんに、僕は輪っかを両手に一つずつ持ってカツンカツンとぶつけました。

「僕をいじめてた山田くんは――周りには、親友だと思われてたんだよね。宇宙人ってからかうのも殴るのも、仲のいい友だち同士のふざけっこだって思われてた。だから、余計に誰にも相談できなかった。僕が山田くんにいじめられてるって周りが気づいたら、僕の友だちはゼロになる。よく一緒にいた子たちはみんな、山田くんの友だちだったから」

ケンスケくんが息を飲みました。

「でも、その山田くんに、僕はマジックを人前で披露する機会を作ってもらった。小学校のお楽しみ会とか、中学の文化祭とかね。彼はいつも強引だったけど」

僕はぶつけていた輪っかをスルッとつなげて見せました。

「こうして、僕のマジックと山田くんがつながった。ギターを始めたきっかけも山田くんだったんだ。高校のときに『バンド組みたいけど、メンバーが足りないから、おまえギターな』って。やっぱり強引に」

僕は輪っかを指して「これ、ギターね」と言いながら、もう一つ輪っかを繋げました。

「僕は躁うつ病になってた時期に、少しでも外と繋がらなきゃって思ってギターを教えるようになったんだけど――そのギターも、いじめっ子の山田くんがきっかけだったわけだよね」

輪っかを出して、握った輪っかにぶつけました。「ギターのスクールね」と言いながら。

「ギターの講師をやってるうちに、マジックのスクールをやろうって思いついた」

輪っかがまた一つ、増えます。

「スクールをやって、たくさんの生徒さんやお弟子さんとも会えた」

カツン、カツンと次々輪っかを繋いでいきます。

「今回、体験入学の話をもらって、ケンスケくんとも出会えた」

最後の一個と最初の一個を繋いで、僕は気合を入れました。小さな輪っかの連なりが、大きなフラフープへと変わります。

「わ……っ、すげぇ……っ」

ケンスケくんの拍手に、僕は優雅にフラフープに身体をくぐらせてお辞儀をしました。

「思い出したくないこともあるけど、ふり返って気づいたんだ――何もかも、最後には全部繋がるんだよ」

フラフープを身体から外し、つつーっと指で撫でると、また元の輪っかの連なりに戻りました。

ケンスケくんが目を伏せ、声を絞り出します。

「わかってるよ。だから、学校に行ったほうがいいって言うんだろ、でも――」

「あ、違う違う」

僕は慌てて手を振りました。

「輪っかを繋いでいくためにああしなきゃいけない、こうしなきゃいけないって言ってるんじゃないんだよ。逆なんだ」

輪っかを一つずつ外しては腕に通していく僕の手元を、ケンスケくんは食い入るように見つめます。

「今の僕みたいに、ずっとずっと後になって過去を振り返った時に気づくんだ。最終的に全部の輪っかが繋がるってことは、自分の決断や行動が間違ってなかったんだ……ってね。ケンスケくん、これだけは覚えといて。キミが選び取る道はいつだって正しいんだよ」


じっと僕の手元を見ていたケンスケくんに「はい、どうぞ」と輪っかを差し出しました。

「やったことあるって言ってたよね？　キミのやり方でいいから、やってごらん。この体験教室にきたこと、僕にマジックをやって見せたことは、これからの人生、どこかで何かとつながると思う」

ケンスケくんは少し考えて、輪っかを二つ手に取りました。

そして――。

「えーっと、これはタネも仕掛けもない輪っかです。どこにも隙間はありません。でも、俺が声をかけるとくっつきます。エイッ」

緊張しているのでしょう。彼の手は震えていましたが、カツンという音とともに二つの輪っかが繋がりました。

拍手をすると、ケンスケくんは恥ずかしそうに、でも、とても嬉しそうにもう一つ輪っかを繋げました。

体験入学を終えて、ケンスケくんは笑顔で帰っていきました。

そして、後日、ケンスケくんからお礼の手紙が届いたのです。

トミー先生、マジック、面白かったです！　プロのマジシャンは、俺がなりたい職業の一つになりました。

俺もこの何ヶ月間を振り返ってみました。そうしたら、僕の輪っかも次々に繋がっていってることに気づきました。

いじめられて辛かったけど、不登校になったおかげでNPOの人と会えた。NPOの人から体験入学のことを教えてもらったおかげで、トミー先生と会えた。クラスのみんなとうまくやれない僕はダメな人間だって思ってたけど——こうやって輪っかを繋げられるんだから、そうでもないのかなって思えてきたよ。

トミー先生みたいに「自分は天才」って言うのは、やっぱりちょっと恥ずかしいから、「トミー先生と会えた俺はラッキー」って言うようにしてる。

そうするとなんとなく、気分がいいんだ。面白いよね。

俺の輪っかはどんな大きさでどんな形の円になるのか、まだわかりません。でも、できれば大きな大きな円にしたいな。

トミー先生、ありがとうございました！

トミーの格言

人生に行き詰まるのは重荷を背負っているからではなく、背負い方が問題なだけだ！

人はどうしても荷物の重さに目がいき、「なんで俺だけこんな目に」というが、もし違う誰かが同じ荷物を背負う経験をしたとしたら、結果は同じになるだろうか？違う荷物の持ち方をして、楽に生きられる事を知れば、重さを軽減することは容易である。

9

「スマイル」の意味

僕がやっているスクールは「トミー・スマイル　マジック教室」と言います。

このほかにも「トミースマイル音楽教室」や「トミースマイル語学教室」などをやっているのですが、「スマイル」と必ずつけています。

生徒さんやお客さんは「みんなを笑顔にするからですね」と納得してくださり、僕も「そうなんですよ～」とあっさり返すだけで、詳しく説明したことはありませんでした。

山田くんやクラスメイトを笑顔にする力があると知ってからずっと続けてきたマジックですが、「スマイル」にはもう一つ意味があります。


小さい頃からずっと、笑うことが苦手でした。

他の人と違って歯のない自分も、そのせいで笑えない自分も大嫌いでした。

バイト先のジャズバーでマジックを披露していた時に「お兄さん、愛想悪いなぁ」と言われても、なかなか笑えなかった。

そんな僕にとって、ギター講師は最適の仕事でした。ギターを教える分には笑わなくても差《さ》し支《つか》えはありませんからね。

それでもプロのマジシャンになると、エンターテイナーとして笑顔を見せないわけにはいかず、頑張って笑顔をつくるようにしていました。

前歯しかない僕が笑うと、お客さんがマジックどころじゃなくなってしまうのは、過去の経験からよくわかっていました。お客さんは手元よりも、僕の口元を気にするのです。

だから、口をつぐんで、口角を上げる笑い方しかできませんでした。

お客さんに「わざとらしい」「嘘っぽい笑顔だね」と言われたことがありますが、辛かった。明らかに不自然な笑顔だと自分でもわかっていましたから。

できるだけ自然な笑顔になるように、鏡を見ながら練習したり、恋人にもアドバイスを貰ったりして、なんとかやってきたのです。


付き合って二年になる彼女との結婚が決まった時、僕は思いました。

——結婚式で、歯を見せた爽やかな笑顔の写真を撮ってもらいたい。

彼女との結婚はとても嬉しかったから、嘘っぽい笑顔では写りたくなかったのです。

結婚を機に生まれ変わりたい、とも思っていました。

笑えないコンプレックスを克服したかった。

でも、歯を見せて笑うためには、歯を治さなければなりません。「無理しないで」と彼女には言われましたが、僕には作戦があったのです。

当時、大人気のテレビ番組で美容整形のビフォー・アフターを扱ったものがありました。

僕のように生まれつき歯に疾患のある人たちが、有名な審美歯科の先生の治療を受け、新しい人生を歩み始める——。

難しそうな歯をたくさん治しているあの先生なら、僕の歯も治してくれるはず。そう考えた僕は、先生の連絡先を調べ、勇気を出して予約を取りました。

これでようやく、歯のことで悩まなくて済むと思うだけで、心が軽くなりました。

僕は初診の日をとても楽しみにしていました。

けれど、問診を終えると、先生の口からは思いもよらない言葉が飛び出しました。

「あなたの歯は特殊なんです。治せません」

ショックでした。テレビに出ていた人たちは、彼の手で笑顔になり、外見に自信を持ち、性格まで変わってとても幸せそうだったのに。

やはり、僕が心の底から笑えることは一生ないのだ、と肩を落としたとき――先生は言いました。

「でも……日本でトップの大学病院ならどうにかなるかもしれません」

一縷《いちる》の望みを胸に、僕は紹介してもらった大学病院に行きました。

審美歯科の先生が言った通り、そこでは「治せない」とは言われませんでした。

ただ、歯を治すには手術が必要とのこと。

手術では、いま生えている上の歯を二つに割り、前に出すのですが、必ずしも成功するとは限らない――と言われて、僕は悩みました。

必ず成功するわけではない、という点はすごく不安でした。

でも、僕はどうしても笑ってみたかった。僕でも笑えるんだ、と思いたかった。

だから、手術に挑戦したのですが……。

神さまは、時として意地悪です。

難しい手術の最中、メスが神経に触れてしまい、顔の右側が神経麻痺になってしまったのです。

どうして、自分だけがこんな目に合わなければならないのか。笑いたいだけなのに――あまりの結果に絶望しました。

結婚式当日――顔の腫れは引かないまま、おまけに神経麻痺の影響で今までのように口を結んでの笑顔すらつくれませんでした。

せっかく楽しみにしていた結婚式だったのに、僕は不幸のどん底にいるような顔をして写真に写っていました。

祝ってくれた友人や家族、なにより妻に申し訳ない気持ちでいっぱいでした。

これは、自分が天から与えられた以上のものを望んだ罰なのだ、とすら思いました。

僕は一生、このままだ――。

すっかり諦めていたとき、義母が雑誌を持ってきてくれました。歯のスペシャリストについて書かれた記事が載っているものです。

せっかく義母が持ってきてくれた雑誌でしたが、「日本最高峰の技術を持っている大学病院でもダメだったんだから」と諦めていた僕は、雑誌に載っている病院へ行く気持ちにはなれませんでした。

またきっと「治せません」と言われて絶望するだけだ、と思ったのです。

背中を押してくれたのは、またもや妻でした。

「ダメ元じゃない？　この先生が治してくれるならラッキーだよ！」

その言葉に背中を押され病院に行きました。

「治せますよ」

先生の言葉に、僕は思わずキョトンとしてしまいました。それぐらい、期待していなかったのです。

この病院では人工の歯をつないだものを、ブリッジという形で固定する治療法を提案されました。

「どんな方法でもいいです、治してください！」

治るのなら、一刻も早く！　と焦る僕に、先生は冷静に治療法を説明してくれました。

人工の歯は、今ある歯の上に固定します。土台にするためには、歯を削らなければならない――。

数少ない歯を削るということは、これで失敗したら僕はもう一生、笑えないということとです。

可能性がわずかでもあるのと、全くなくなるのとでは全然違います。それでもやってみたかった。

僕は変わりたかったんです。

人と違うことを負い目に感じている自分に、自信を持たせてあげたかった。僕を好きでいてくれる妻に、誇れる自分でいたかった。

先生を信頼して、僕は手術を受けました。


そして、奇跡は起きたのです。

「どう、かな?」

手術後のリハビリを終えた僕は、妻に笑いかけてみました。

「いい! いいねぇ!」

笑い返してくれる妻の目から、ボロボロと涙がこぼれ落ちます。

「笑えてるよ、よかったねぇ……」

出会ってからずっと、自信を持てない僕を叱咤激励してくれていた妻はいつだって前向きだったけど、本当はいろいろと不安だったのでしょう。

僕たちは写真館で、改めて写真を撮りました。

ウェディングドレスでもタキシードでもないけれど、笑顔で写る僕たちはとても幸せでした。


こうして、小さい頃からずっと欲しかった歯を、僕は手に入れることができました。

同時に、普通の人と同じように笑える喜びを手に入れました!

人目を気にせず笑う。そんな当たり前のことがどれほど嬉しかったか。

笑うだけでこんなに気持ちが前向きに、明るくなれるとは思いませんでした。


マジックには、人を笑顔にする力があります。

デビューしてからずっと、その力を信じてきた僕ですが、「笑顔になって、人がどうなるのか」ということについては深く考えていませんでした。

だって、自分が笑えていなかったから。

気持ちが明るくなるんだろうな、ぐらいにしか思っていなかったのです。

笑えるようになった今なら、わかります。

笑顔はすごい力を持っています。自分の気持ちを変え、周りも変える。

身をもってそれを知った僕は、オープンしたばかりのマジック教室の名前に「スマイル」を入れました。

マジックで人を笑顔にすると同時に、笑顔が持つ力と、笑顔の大切さを伝えたかったからです。

最近の「トミー・スマイル　マジック教室」の生徒さんは、昔の僕の顔を知りません。僕がここまで「スマイル」にこだわる理由も知りません。

笑いたくても笑えなかった僕だからこそ話せる「スマイル」の力を、この本で知ってもらえると嬉しいなぁと思っています。

トミーの格言

笑顔は魔法のメイク

笑顔が最大のメイクとなり、笑顔が最高のメイクとなる。それが最強のメイクマジックである。

10

お釈迦《しゃか》さまとSNS

僕の弟子・マッキーがやっとマジックだけで生活ができるようになった頃、ある会社から「社内の懇親会でショーをしてほしい」という依頼がきました。

通常、派遣するマジシャンは一人ですが、会社の区切りの年らしく、大規模な懇親会ということで、僕とマッキーの二人を指名してくださったのです。

二人ならば、かなり大掛かりな脱出マジックや空中浮遊系のマジックもできます。

しかも、今回の評判によっては、会社のパーティや販売促進のイベントなどの依頼も考えたいとのこと——。

先々に繋がる大きな仕事でした。

マッキーが考えた構成を僕が修正し、二人で当日まで何度も練習を重ねました。

当日、僕はワクワクしながら会場のホテルに入りました。

大きな仕事という以上に、マッキーの成長ぶりをこの目で見られるチャンスだからです。

独り立ちした後、彼がどんな経験を積んできたのか。それをこの目で確かめるのを楽しみにしていました。

会場でのリハーサルも終え、司会の方との打ち合わせもバッチリ。あとは、本番で全力を尽くすだけです。

僕らは大きな拍手で会場に迎え入れられました。

その会社はまだ新しくて、社員さんは比較的年齢の若い方が多い。すでにお酒が入っているのか、ご挨拶がわりの軽いマジックからビックリするほど反応がよかった。「すげぇ！」「どうなってんの！」という声が何度もあがりました。

酔っ払ったお客さんの常で、「タネを教えろ」コールもありましたが、マッキーが「それを教えちゃったら、俺たち商売あがったりですよ〜」とおどけて見せ、笑いまで取っていました。

最後の脱出マジックが成功したときには大歓声、指笛まで飛んだのです。

こうして、ステージは無事に終わりました。

会場から出ると、役員の方が追いかけてきて「いやぁ、よかったです！　ぜひ、またお願いしたい」と言ってくださり、僕たちはホッとして控室に戻りました。

着替えをしようとしていた時、一人の男性社員が控室にやってきました。

「なぁ、どれでもいいから、タネ、教えてくれよ」

名乗ることもなく、不躾に言うだけあって、その男性は相当酔っていました。

マッキーがさっきと同じようにニコニコしながら、「いやいや、教えたら、商売上がったりですから」とやんわりとお断りしたのですが。

「はあ？　何言ってんの、俺は客だぜ、お・きゃ・く・さ・ま。簡単なのでいいんだよ、タネ、教えろよ！」

「だから！　ダメだって言ってるでしょ！」

カチンときたのか、マッキーも少し声が大きくなりました。

僕は慌てて二人の間に入りました。

興奮しかけているマッキーを背中で押さえながら、「申し訳ありませんが、マジシャンの業界では、それはしてはいけないルールなので」と言った途端、胸倉を掴まれました。

「アンタもわかんない人だな！　なんでもいいから、教えろって言ってんだよ！」

自分より体格のいい相手が腕力をチラつかせて脅してくる——いじめられていた記憶

がよみがえり、僕は顔を強張らせました。視線が床に落ちます。

ですが、マッキーが僕を守ろうと動く気配を感じた瞬間、(僕は彼の師匠じゃないか！)と我に返りました。

弟子は師匠の背中を見て育つのです。僕がここで負けたり、情けない姿を見せたりするわけにはいきません。

僕は相手を見据えて、キッパリと言いました。

「申し訳ありませんが、本当にダメなんです」

相手が真っ赤になって、拳を振り上げようとした時、ドアの向こうが騒がしくなりました。廊下をバタバタと走って来る複数の足音が聞こえてきます。

控室に飛び込んできた社員さんたちが、慌てて酔っ払いを止めました。

「おい、何してんだ！」「すみません、こいつ、酒癖悪くて」「本当にすみません！」

口々に謝ってくださる同僚たちに引きずられるようにして、酔っ払いは連れて行かれました。

危機は過ぎ去り、静かになった控室で、僕は大きな息を吐きました。

「大丈夫ですか、師匠！　なんなんだ、あの酔っ払い！　どうしようもないですね！」

「うん、大丈夫。――マッキー、僕を守ってくれようとしたでしょ、ありがとう。でも、あの人が言ったみたいに、お客さまだからね。ケンカやこっちが手を上げるのは絶対にダメだよ」

「ハイ……すみません……」

彼はションボリとうなだれました。

「さあ、撤収撤収！　無事に終わったから、美味しいものを食べて帰ろう！　何が食べたい？」

「あ、じゃあ、焼き肉がいいです！」

すぐに立ち直るのも、マッキーのいいところです。


でも――危機は過ぎ去ってはいませんでした。

その後、僕やマジックスクールのＳＮＳに、誹謗中傷が来るようになりました。

口汚く罵るコメントを書き込まれるのです。文体の特徴から、同一人物だと思われました。

お客さんや生徒さんが不快になるだろうと思い、書き込まれるたびに削除していたのですが、朝も夜もなく、しかもあまりにも頻繁なのです。

寝不足のうえ、生徒さんからの心配する声や問い合わせなどの対応もしなければならず、僕はヘトヘトになっていました。

見かねたマッキーがネットに詳しい知り合いに頼んで、投稿して来るメールアドレスの一つを特定してくれました。


「師匠！　このメールアドレス、あの会社ですよ！　例の懇親会の！」

資料としてもらっていた社報に例の酔っ払いが載っていて、その名前とメールアドレスが一致していました。

あのときの酔っ払いかも、と疑っていましたが、改めてわかるとショックでした。タネを教えなかっただけで、こんなに悪意を向けられるとは。

「これ、立派な業務妨害ですよ！　あの会社にクレーム入れましょう！」

今にも殴り込みそうなマッキーに、僕は首を振りました。

「いや、それはやめておこう」

「……大きな仕事がなくなるから、ですか」

なるほど、そういう考え方もあるな、と僕は苦笑しました。

「そうじゃなくて。これをしているのは会社ではなくて、彼個人だからだよ。会社まで巻き込むわけにはいかない。静観しよう」

マッキーは「会社のパソコンを使ってるのに……」と不満そうでしたが、渋々、静観を承知してくれました。


ですが、そうもいかない事態が起こりました。

酔っ払いがマッキーのSNSにも書き込みを始めたのです。しかも、僕に対するものよりも過激になっていました。

公開されているプロフィールを見て、出身中学や高校、過去のアルバイト先を調べ、そこで起きたトラブルはマッキーがやったことだ、と書き込んだのです。

もちろん、マッキーには全く関りのないことばかりです。『あること、ないこと』ではなく、『ないこと、ないこと』でした。

僕への誹謗中傷に激しく憤っていたマッキーは、自分に矛先が向いた途端、不安のほうが強くなったようです。

近所の人たちや大家さんは彼の夢を応援してくれていたのですが、少し距離を置く人も出てきました。

そのことで彼は落ち込み、引き受けた仕事は必死でこなすものの、「集中できなくて」とこぼすようになりました。

東北の避難所で会った少女のように、辛い思いをしている人を一人でもマジックで笑顔にしたい、という彼の夢を邪魔するなんて！

今度は僕の頭にカーッと血がのぼりました。

自分のことならまだいい。でも、大事な弟子の夢や未来を邪魔するなんて許せませんでした。

「明日、あの会社に抗議しに行く！」

僕はそう宣言しました。

その夜のことです。マッキーが僕の家にやってきました。

「師匠。あの会社に行くの、やめましょうよ」

「どうして！」

「悪意を受け取らないために」

そう言って、彼は折りたたまれた紙を僕に渡しました。

それは、あるお寺が檀家さん向けに出している寺報——お便りでした。

A4サイズで、片面には行事の報告やこれからの予定が書かれていて、裏面は法話でした。

「祖父母の法事で東北に帰った時にもらったものなんです。荷物をまとめていたら出てきて」

「荷物をまとめてって——マッキー、まさか……マジシャンの夢を諦《あきら》めるつもりじゃ」

「あ、違います違います！　引っ越そうかなって思っただけで」

今まで親しく交流していた人たちと気まずくなったことが辛くて、彼は引っ越しを考えていたのです。

「いつでも引っ越せるように荷物をまとめていたら、この寺報を見つけたんです。もらった時には、裏の法話は見落としていたんですけどね。師匠、読んでみてください」

裏に書かれていたのは、お釈迦《しゃか》さまのエピソードでした。


お釈迦さまが多くの人たちから尊敬される姿を見て、ひがんでいる男がいました。

「どうして、あんな男がみんなの尊敬を集めるのだ。いまいましい」

そこで、男は群集の中で口汚くお釈迦さまをののしってやることにしました。

「釈迦の野郎、俺に悪口を言われたら、きっと汚い言葉で言い返してくるだろう。その様子を人々が見たら、アイツの人気なんてアッという間になくなるに違いない」


男はお釈迦さまを待ち伏せして、ひどい言葉を投げかけました。

お釈迦さまは言い返さず、黙ってその男の言葉を聞いておられます。

弟子たちがくやしい気持ちで、「あんなひどいことを言わせておいていいのですか?」

とたずねました。

それでも、お釈迦さまは一言も言い返さず、その男の悪態を聞き続けました。

やがて、一方的に悪口を言い続けていた男は、疲れてへたりこんでしまいました。どんな悪口を言っても、お釈迦さまが言い返さないので虚しくなってしまったのです。

その時、お釈迦さまがその男にたずねました。

「もし、他人に贈り物をしようとして、その相手が受け取らなかったとき、その贈り物はいったい、誰のものだろうか」

男は突っぱねるように言いました。

「そりゃ、言うまでもない。相手が受け取らなかったら贈ろうとした者のものだろう。わかりきったことを聞くな」

そう答えてからすぐに、男は「あっ」と気づきました。

お釈迦さまは頷いて、静かに続けられました。

「そうだよ。今、あなたは私のことをひどく罵った。でも、私はその罵りを少しも受け取らなかった。だから、あなたが言ったことはすべて、あなたが受け取ることになるんだよ」

読み終えると、怒りでいっぱいだった僕の心は、穏やかになっていました。

「いい話だね……」

マッキーが嬉しそうに頷きました。

「俺、これを読んですごく救われた気持ちになりました。何事も考え方、受け取り方次第なんだなって思って。でね、あの酔っ払いに感謝すらしちゃいました」

「えっ？」

「だって、酔っ払いに絡まれなければ、引っ越そうなんて考えなかったでしょ？ご近所さんも大家さんもすごくいい人たちだし、部屋も気に入ってたし。でも、今回の件で引っ越そうって思って荷物をまとめて――この寺報を見つけたんですから」

「なるほど……」

「それに、これって、亡くなったおじいちゃんとおばあちゃんからのアドバイスかもって思いました――俺、まだまだ世話の焼ける孫ですね」

屈託のない笑顔を見て、僕は彼の成長を感じました。

マッキーは弟子入りしたばかりの頃、情熱はあるものの、その情熱に技量が追い付かず、やたらと焦って空回りしていました。

感じたこと、考えたことをすぐに口にしてしまう悪い癖もありました。少し短絡的なところがあったのです。

行動力があるのはいいことですが、もう少しじっくり考えてほしいと思っていましたし、注意もしてきました。

そんな彼が、嫌なでき事や辛い思い出すら、こうして自分なりに咀嚼して感謝までできている。

本来ならば、お釈迦さまが弟子たちに見せたように僕が彼に見せるべき態度だったのでは……と思いましたが、『負うた子に教えられ』という言葉が浮かびました。

師匠だからといって、必ずしも弟子より優れているわけではない。同じ人間、同じマジシャンなのだから、教え合って成長していけばいいのです。

「世話の焼ける孫かもしれないけど、きっとキミは、おじいさんとおばあさんにとって誇りだと思うよ」

そう言うと、マッキーは照れ臭そうに笑いました。

お釈迦さまを見習って、僕たちは酔っ払いの悪意を極力、受け取らないようにしました。

他のお客さまや生徒さんたちを不快にさせないために、淡々と削除の作業だけを繰り返していたら、飽きたのか疲れたのか――やがて、誹謗中傷もなくなったのです。

例の会社からはご依頼をいただくようになりました。

あの時、僕が怒鳴り込んでいたら切れるはずだったご縁。そのご縁を繋いでくれたマッキーに、改めて「ありがとう」と言いたいです。

トミーの格言

今、起きている現象は、かつてあなたが気付かずに投げた球が、ブーメランの如く返ってきただけだ！

人は人知れず、人を傷つけている。それが反射して自分に返ってくる。悪いことが起きたのなら、他責せずに、自責の念を唱えてみよう。

11

「ドラマジック」と新しい夢

多少の波はありましたが、プロのマジシャンとしてもマジック教室の経営者としても、僕は順調にキャリアを積み上げていきました。

でも……三十五歳の時にマジシャンとしての限界を感じてしまいました。

いろいろと目先を変え、演出を変え、構成を変え——とやってみるのですが、どうしてもどこかで見た印象が拭えなかったのです。その「どこか」は他のマジシャンではなく、過去の自分。

順調であればあるほど、守りに入っていると感じてしまったのです。

前に評判がよかった構成のままで人気のマジックをすれば失敗も少ないし、お客さんも喜んでくれるし……と思ってしまう自分がイヤでした。

守りに入っている状態から抜け出したい。もっと新しい手法でマジックを楽しんでもらいたい。

そう思った僕は仕事の合間を縫って、いろいろなものを片っ端から観に行くようになりました。

映画、演劇、コンサート、ミュージカル、ディナーショー、落語、歌舞伎、文楽——。

「トミーさん、吉本新喜劇、観たことある？　チケットもろてんけど、一緒に行かへん？」

そう誘ってくれたのは、小さな劇団で役者をやっているタツジさんでした。

タツジさんとは、彼の劇団の公演を観に行ったことがきっかけで知り合い、意気投合したのです。

「俺、見た目もそんな悪《わる》ないし、演技もまぁまぁでしょ。でも、華がないんよねぇ」

飲みに行くと、タツジさんはいつもそうボヤきます。

「なんもかんも中途半端であかんわ。親の反対押し切って役者やってんのになぁ」

関西出身のタツジさんは、東京の大学に進学してから芝居にハマり、大学を中退してしまいました。

当然、ご両親は激怒して勘当に……。

「両親ともに教師やからね。俺にも教師になってほしかったみたいやわ」

さすがに三十歳も過ぎて結婚はしたけれど、バイトで生計を立てる生活。両親から勘当は解かれたものの未だに肩身は狭いし、実家には帰りづらい。

タツジさんのバイト代は劇団の運営費に回るため、奥さんの収入だけでなんとか生活をしている状態でした。

そんなタッジさんと観に行った吉本新喜劇。

仕事で関西に行くことはあるので、その存在はもちろん知っていましたが、観たことはありませんでした。

お笑い芸人さんがそれぞれギャグを繰り出しながらのドタバタコメディだろう、と予想していたのですが——これがとんでもないものでした。

笑えて、泣けて、感動したのです！

恐ろしいほど緻密なストーリーが展開される新喜劇に、僕はあっという間に魅了されました。

そして、やってみたくなったのです、こんな舞台を。

僕は早速、有志を集めて『劇団座トミー』を起ち上げました。

「監督も脚本も演出もトミーさんがやんの？　え、出演も？」

僕の無謀なチャレンジに、タッジさんは絶句していました。それもそのはず、『劇団座トミー』は僕をはじめ、ほぼ全員が演劇は素人。

だから、プロであるタツジさんに出演をお願いしたかったのですが、劇団の公演と重なっていたので断念しました。

マジックショーの場合、マジック一つにつき、五分の演技を考えます。それを六つ作れば、三十分のショーになります。

ですが、舞台の場合は二時間！　その長さの脚本を書かなくてはなりません。

必死で脚本を練り、タツジさんからアドバイスを貰い、仲間たちと稽古をして、ついに本番の日を迎えました。

なんとかやり遂げて、幕を下ろすことができたのですが——。

何もかも初めてなのに、ここまでやれた！　という達成感はありました。初めてのことばかりだから、とても勉強になりました。

でも……劇団を続けていくには観に来てくださるお客さんや応援してくださる人たちが必要なのです。

素人がつくった、素人による公演は、あまり良い評価は頂けませんでした。お客さんたちを二時間、舞台に集中させることができなかったのです。

僕は、すぐ二作目に取りかかりました。妻には「そこで諦めないのが、あなたのいいところよね」と言われました。

一作目の反省から、メインとなる俳優さんはタッジさんのような経験者を揃え、演出家もプロに入ってもらったのです。

おかげでとても良い作品になりました！

観てくださったお客さんから「いいお芝居だった」「面白かった！」「次回作もまた観に来たい」と言ってもらえるほどだったのです。

打ち上げの席でアンケートを読みながら、僕はため息をつきました。『すごく良かったので、地方でもやってほしい』『関東以外でもやってほしい』——そういう要望がかなり多かったのです。

地元以外でもやりたい、という思いは僕たちにもありますが、役者さんたちのスケジュール調整、集客などを考えると、馴染みのない地方で公演はできません。

「地方やと、移動時間、設営、稽古と結構な日数を取られるし、宿泊費や交通費もかかるからなぁ……」

タツジさんもため息をつきました。

タツジさんたちは、自分たちの公演や稽古がないときに手伝ってくれたのですが、本来、彼らはその空き時間にバイトをしているのです。

今回は地元だったのでそれほど負担にはならなかったようですが、これが長期間続くと生活の保障もしなければなりません。


「今回の芝居は大阪でも受けそうやけどなぁ」

「関西かぁ……吉本新喜劇の本場でやってみたいですね」

「せやろ。俺なんか『故郷に錦を飾る』っていうのをやってみたいけど、ちょっと無理やな。もっともっと『劇団座トミー』が有名になるか、俺がバイトせんでええ役者にならんとなぁ」

タツジさんは寂しそうに笑っていました。

僕の中でムクムクと負けん気が膨らんでいきました。

「いや、無理じゃないですよ、きっと！　地方でもやれる方法を考えます。タツジさんや他の皆さんに『故郷に錦を飾る』をやってもらいましょう！　『劇団座トミー』の次の夢は『地方公演』！」

僕はタツジさんたちの前で、そう宣言してしまいました。

——役者さんたちのスケジュールやバイトのことを気にせず、長期の稽古もいらず、集客に時間をかけなくてよい舞台はできないだろうか。

そんな都合のいいことはない、と思われるかもしれませんが、ひとつのことを解決しようと日々考えていると、意外とアイデアは転がり込んでくるものです。

ある日、自宅で妻とテレビを観ていた僕は、あれ？　と身を乗り出しました。もしかして、この手法は『劇団座トミー』でも使えるんじゃないか——？

それは、ある歌手が売れるまでの過酷な過去をＶＴＲで再現している番組でした。映像が終わると、歌手本人が登場し、辛い時期につくった曲を歌い始めました。

過去を乗り越えた歌手に感情移入し、その想いをのせた曲を聴きながら、僕は感動していたのですが。

同時に、コレだ！　と思ったのです。

この番組で流れた再現ドラマのように、『劇団座トミー』の芝居を映像にすればいいんじゃないだろうか？

役者さんたちは撮影のスケジュールを合わせれば良いだけ。練習も、場面ごとでやれる。

映像なので、何度でもどこでも同じクォリティのものをお客さんに観てもらうことができる！

しかも、舞台ではモタついてしまうかもしれない、と断念していたマジックの要素も取り入れられる！

これは吉本新喜劇が大きなヒントになりました。

どんなストーリーであっても、芸人さんたちが持ちギャグを必ず入れてきて、でも、それが不自然じゃない。

マジックだって、そんなふうに組み込めることができるはず。

「ドラマとマジック……名付けて『ドラママジック』だ！」

興奮してそう叫ぶ僕に、一緒にテレビを観ていた妻は呆気に取られていました――。

今回も映画監督、脚本家、カメラマン、メインの役者さんは全てプロを用意しました。仕上がった映像はとてもいいできでした！

いいできなんですが……なんと、九十分もの大作になってしまいました。

今まで僕が受けてきた仕事は、企業パーティでのマジックショー三十分というのが一番多いパターンです。

お付き合いのある会社に打診してみましたが、「いやぁ、九十分はちょっと……」と断られてしまいました。

僕のマジックショーを知っている人でさえ、この反応です。

一難去ってまた一難。

僕はこの作品をどうやって売り込もうか悩んでいました。

でも、映像化を考えたときと同じ。悩んで考えていれば、アイデアが転がり込んでくるものです。

ある日、ビジネスの講習会に行った僕は、『ズラしファイブ』という言葉に出会いました。

時間、人、場所、値段、方法の五つをズラすことで、新たな顧客に出会える、というものでした。

この『ズラしファイブ』に『ドラマジック』を当てはめると……時間を三十分から九十分にズラし、値段もズラし、方法もズラしました。

当たり前ですが、これだけズラせば、これまでの顧客と合わないのは当たり前なのです。

ということは、新規の顧客に出会えるチャンス！

飲みながら『ズラしファイブ』を熱く語る僕に、タツジさんが冷静にツッコミを入れてきました。

「新規の顧客って、どんな顧客や？」

「それを今、考えてるんですけど……思いつかないんです」

「新規ねぇ、新規……」

ブツブツ言いながら一緒に考えてくれるタツジさんを見て、僕は地方公演をしたかった動機を思い出していました。

タツジさんが、故郷に錦を飾る。

演劇をやることに反対しているという、タツジさんのご両親に観てほしいなぁ、と考えていてハッとしました。

タツジさんのご両親は教師。つまり——学校！

いじめられっ子だった僕は、学校が大嫌いでした。

いじめっ子も、見て見ぬフリをするクラスメイトも、気づかない先生も大嫌いだったのです。当時は誰にも言えませんでしたが。

時代は変わっても、僕みたいな子はきっといるはずです。少しでも、その子たちの支えになりたい——。

いじめられていた経験を活かし、僕は『いじめ問題のプロフェッショナル』になろう、と決意しました。

それが、僕の新しい夢になりました。

この瞬間、「ドラマジック」の理念ができたのです。

『いじめゼロ！　引きこもりゼロ！　うつ病ゼロ！　夢の持てる社会へ』

「社会貢献×マジック」という構図は、僕の辛かった過去が全部、活かせると思ったのです。


僕は、中学校の教頭先生になっておられたタツジさんのお父さんに、大阪まで会いに行きました。

もちろん、タツジさんも一緒です。

ついて来てくれたら心強いけど、無理にはお願いできない。紹介してもらうだけでもありがたい……と思っていたのですが、タツジさんのほうから「俺も行きたい」と言ってくれたのです。

でも――タツジさんは行きの新幹線からガチガチに緊張していました。

反対されている演劇の作品を売り込もうとしているのですから、当然です。

お父さんは、僕には愛想よく接してくださるのですが、父子の間の空気はピリピリしていました。

タツジさんの緊張に釣られて、僕まであがってしまいました。それでも必死でお父さんに説明します。

いじめやうつ病になった経験、引きこもっていた間の気持ち、ここまでたくさんの人に支えてもらったこと、今度は自分が悩んでいる人たちを助けたいと思ったこと——。

そして、マジックという夢に導かれて、ここまできたこと。

タツジさんのお父さんは黙って僕の説明を聴き、作品を観てくれました。

映像が終わっても黙ったままだったので、恐る恐る、「どうでしょうか」と尋ねると
——お父さんはふぅっとため息をつきました。

そして、目元を指先で拭ったのです。

「うん、これはいいですね。中学生にもわかりやすいし、面白い。それでいて感動する。うちはどの学年も芸術鑑賞会の時間を設けてるんです。そこで流しましょう！」

他の学校にも紹介してくれる、とも言ってくださいました！

嬉しいやらホッとするやら……。

帰ろうとした時、お父さんに呼び止められて、頭を下げられました。

「トミーさん、ありがとうございます。おかげさまで息子の仕事を、初めて観ることができました」

「いえいえ、この作品ができたのは、タツジさんのおかげですよ。タツジさんと出会ったから、素人の僕がここまで来れたんです」

お父さんは僕にもう一度頭を下げたあと、タツジさんをギロッと睨みました。

「おい、タツジ！」

「な、なんや？」

タツジさんが身構えるのが、隣にいてもわかりました。

「おまえ、当分、帰って来るな。こんなええ演技するんやから、自信、持て！」

タツジさんは一瞬息を飲み、「ンなこと、わかってるわ」とお父さんそっくりの仏頂面で答えました。


でも。

行きの新幹線でガチガチに緊張していたタッジさんは、帰りの新幹線でずっと泣いていたのです。「この仕事に関われてよかった」と言いながら。

僕は今、YouTuberとしても活動し始めています。できるだけたくさんの人に「ドラマジック」を知ってほしいからです。

夢は諦めてはいけません。

自分の夢は、いろんな人に語ってみましょう。聞いた人が、思わぬヒントをくれることもあります。

夢は叶えるものではなく、語るもの。

人に夢を語ることで、実現化していくのは、僕が身を持って経験したことです。

せっかくの大切な夢——心にしまっておかないで、語りましょう！

トミーの格言

思考で諦めた者は、言葉で諦め、言葉で諦めた者は、現実も諦める！
敗者は「言い訳」を探し、勝者は「やり方」を探す。

諦めない者には、誰も勝つことができない。
僕には「諦める」という言葉はない！
だから焦らない！
一度諦めるとそれが諦める習慣を作り、言い訳を生む。

ドラマジック

監修

トミー（冨澤貴明）

1978年10月26日、埼玉県富士見市生まれ。10年間のいじめ、6年間の躁うつ病、55回の転職を経験。学生時代からギターとマジックを始め、うつ病を治す為に心理学と脳科学も学ぶ。うつ病を乗り越えギター講師や、マジシャンとして全国を飛び回る。33歳の時に（株）トミーエンタープライズを設立しタレント派遣と音楽教室の運営。現在では「いじめ0うつ病0引きこもり0夢の持てる社会へ」をビジョンに世界初の学べるエンターテイメント「ドラマジック®」を武器に日本の子どもたちに夢を与えながら、企業研修で新人研修、人財育成、離職問題、マジック心理学コミュニケーション講座などを行っている。衆議院議員会館で開かれた「人権を考えるシンポジウム」にドラマジックが取り上げられた。

ドラマジック
https://tommy-doramagic.com

マジシャントミー
http://magiciantommy.jp

ドラマジックNEXT研修
https://www.youtube.com/watch?v=tkL8f9frCdc

執筆

谷口雅美（たにぐちまさみ）

兵庫県尼崎市在住。神戸女学院大学文学部卒業後、SE、販売、事務、介護福祉士を経て、2008年短編小説集『99のなみだ』で小説デビュー。『最後の一日』『99のありがとう』シリーズなどに参加。共著に短編画集『鳥と猫と君とボク』。第44回創作ラジオドラマ大賞佳作入選。NHK『FMシアター』にて受賞作「父が還る日」放送。第57回講談社児童文学新人賞佳佳作入選。受賞作『大坂オナラ草紙』を2018年に上梓。

staff

編集協力　松原大輔（パインプレーリー）
カバー・本文イラスト　花アキ
装丁・本文デザイン　石井香里

泣き虫マジシャンの
夢を叶える
11の物語

2020年7月31日　初版第1刷発行

監　修
トミー（冨澤貴明）

執　筆
谷口雅美

発　行
今日の話題社
東京都品川区平塚 2-1-16　KK ビル 5F
TEL 03-3782-5231　FAX 03-3785-0882

発行者
高橋秀和

印刷
平文社

製本
難波製本

定価はカバーに表示してあります。
万一、落丁・乱丁などの不良品がありましたら
小社までお送りください。
送料小社負担にてお取り替えいたします。

ISBN978-4-87565-653-1 C0095